Über die Autorin:
Anna Zimt, Jahrgang 1985, heißt im wahren Leben anders und lebt in Hamburg. Sie ist Songwriterin, Projektmanagerin im Musik- und Sozialbereich und schreibt eine Kolumne über Sex, Affären und Großstadtabenteuer für das Onlinemagazin *im gegenteil.* Am allerliebsten verquatscht sie sich mit ihren besten Freunden in einer zünftigen Kneipe bei einem Sambuca. Mit Kaffeebohne, versteht sich. Ihren Mann liebt sie, seitdem sie achtzehn Jahre alt ist. Sie führen eine offene Ehe.

Anna Zimt

IN MANCHEN NÄCHTEN HAB ICH EINEN ANDEREN

Mein sinnliches Leben in einer offenen Beziehung

Besuchen Sie uns im Internet:
www.knaur.de

Originalausgabe September 2018
Knaur Taschenbuch
© 2018 Knaur Verlag
Ein Imprint der Verlagsgruppe
Droemer Knaur GmbH & Co. KG, München
Alle Rechte vorbehalten. Das Werk darf – auch teilweise – nur mit
Genehmigung des Verlags wiedergegeben werden.
Redaktion: Birthe Vogelmann
Covergestaltung: Cornelia Niere, München
Coverabbildung: Fabrizia Milia / Trevillion Images
Satz: Adobe InDesign im Verlag
Druck und Bindung: CPI books GmbH, Leck
ISBN 978-3-426-78949-0

2 4 5 3

Für A.C.

INHALT

Es war einmal … 9
Was bisher geschah … 17
Und das funktioniert?! 22
Unser Beziehungsknigge 32
Heiß-kaltes Klassentreffen 41
Millimeterarbeit 50
Mädelsabend 58
Ja, ich will! 70
Hassliebe Tinder. 76
Spiel mit mir! 91
In guten wie in schlechten Zeiten 99
Deine Hand 113
Feuchte Filmpremiere 121
Alle zwei Wochen 126
Schwachpunkt 131
Egofick 134
Kopfkino 139
Verboten 144
Mono?! Gar nie! 155
Von schlechten Großstadtküssen 165
Lippenbekenntnis 171
Nur eine Nacht 181
Liebe Anna, ... 193
Und wenn sie nicht gestorben sind … . . . 195
Danksagung 203

ES WAR EINMAL ...

Es waren einmal ein Mann und eine Frau. Sie hießen Max und Anna. Und sie liebten sich sehr. Seitdem sie achtzehn Jahre alt waren. Heute, fünfzehn Jahre später, lieben sie sich noch immer. Einander und ihre Geschichte. Eine Geschichte mit Höhen und Tiefen, Trennungen, Umbrüchen und Neuanfängen.

Und ganz am Anfang dieser Geschichte gab es Max und Anna gemeinsam in ihrer Heimatstadt. Max und Anna und den heftigen Knall des Verliebtseins. Ein Jahr lang nur Max und Anna. Eine Verschmelzung, die sich nach Annas Studienbeginn in einer anderen Stadt und zweijähriger Fernbeziehung veränderte. Beide fingen an, sich zu fragen, was es da sonst noch auf dieser Welt zu entdecken gab. Einen Blick über den Verschmelzungsrand hinaus zu riskieren war doch sicher auch ganz spannend, oder nicht? Die beiden wollten sich aus Liebe zueinander loslassen, um nach drei Jahren »wir« mal wieder ein paar Schritte alleine durchs Leben zu gehen. Max zog es nach Neuseeland, Anna genoss das Studiensingleleben in Göttingen. Zwei Jahre nach dieser Trennung fanden die beiden sich wieder. Weil es Liebe war. Weil sie Max und Anna waren. Denn den Kontakt zueinander hatten sie nie verloren, ihre Gefühle erst recht nicht. Sie hatten sich selbst nur ein Stück dazugewonnen und waren erwachsener geworden. Sie beendeten ihr Studium, zogen in Göttingen zusammen und fingen an zu arbeiten. Wie man das so macht. Und das machte etwas mit ihnen. Nicht sofort, aber mit der Zeit. Schleichend. Anna verzweifelte nach zwei Jahren so sehr an ihren Sozialarbeiterjobbedingungen, dass sie kündigte. Sie hatte sich selbst in den Geschichten der anderen verloren. Sollte es das gewesen sein? Anna wollte eine neue Herausforderung, weg aus der Kleinstadt und nach Berlin gehen. Max hingegen hatte gerade eine Stelle an der Uni angenommen und wollte sich ebenso auf seinen eigenen Neuanfang konzentrieren. Und so ging Anna alleine in die Hauptstadt. Als Single. Denn beide dachten, dass man das so macht, wenn die Bedürfnisse so weit auseinanderliegen. Sich jeder mal ganz frei um sich selbst kümmern möchte. Sie merkten erst später, dass sie irrten. Denn die Idee einer Trennung kam auch auf, weil sie merkten, dass sie in die vorgefertigte Schablone der perfekten monogamen Beziehung nicht so recht hineinpassen wollten. Nicht, weil sie einander nicht mehr liebten und begehrten. Das konventionelle Modell von Beziehung und Paarleben passte einfach nicht hundertprozentig zu ihnen. Deshalb wagten sie vor sieben Jahren dann auch das Experiment offene Beziehung. Offen, weil sie anfingen, ihre eigene Schablone zu schaffen. Eine, die niemals starr ist. Die sich verändern darf. Weil die beiden sich verändern dürfen. Und weil sie nicht ohneeinander wollen. Sie wollten nur weiterhin sehr frei sein dürfen. In ihren Gedanken, Wünschen und Handlungen. So wollten sie beispielsweise auch weiterhin mit anderen schlafen dürfen. Abenteuer erleben. Und so sprachen sie über Regeln und Vereinbarungen und begaben sich gemeinsam auf eine unbekannte Reise. Max lebte in Göttingen, Anna in Berlin. Und das blieb auch so, als die beiden vor fünf Jahren heirateten. Seit drei Jahren leben die beiden ihre Geschichte nun jeden Tag in Hamburg weiter. Eine Geschichte mit vielen Kapiteln. Einige davon haben es in dieses Buch geschafft. Andere werden später erlebt.

Seit dem Beginn unserer Geschichte ist viel passiert. Innerhalb unserer Beziehung selbst, aber auch die äußeren Bedingungen veränderten sich immer wieder. So haben wir mal klassisch zusammengelebt, mal getrennt in der gleichen Stadt, mal in unterschiedlichen Städten oder in ganz verschiedenen Ländern. In Sachen Fernbeziehung kennen wir uns also ganz gut aus. Und da wir nach wie vor kein Paar sind, das andauernd aufeinanderhocken will, konnten wir uns immer ganz gut damit arrangieren. Wir telefonierten nicht jeden Tag oder dateten uns andauernd up, wo wir gerade mit wem waren. So machen wir es heute noch, wenn zum Beispiel einer von uns beiden mal länger beruflich verreist. Und ich mag das. Ich spreche lieber alle paar Tage mit Zeit und Platz ganz in Ruhe über alles, was mir und uns wichtig und unwichtig erscheint. Ein kleines »Gute Nacht« schicken wir uns trotzdem fast immer. So viel Romantik muss sein. Auch, wenn »Ich liebe dich«s bei uns eher seltener sind.

Ich liebe dich. Die drei magischen Worte. Wenn man sie wirklich fühlt, tiefe Liebe dem anderen gegenüber fühlt, dann ist es mit das Schönste, das man einander sagen kann. So empfinden es sicher die meisten. Ich höre sie auch gern. Aber nur im richtigen Moment. In dem Moment, in dem auch ich das Gleiche empfinde. Sich mein Grundgefühl der Liebe zu Max mal wieder zu einem Liebesmoment zuspitzt, in dem ich fast zu platzen drohe. Max ist nicht der Typ Mann, der mir andauernd sagt, wie sehr er mich liebt oder wie toll ich bin. Manchmal nervt mich das. Wenn ich mich mit mir gerade mal doof fühle oder die Welt vermeintlich kacke zu mir ist. Dann brauche ich Liebe von außen. Da ist dann kurz nichts mit Selbstliebe. Aber auf Knopfdruck Liebe von außen gezeigt zu bekommen, weil man sie konkret eingefordert hat, fühlt sich für mich nicht mal halb so gut an wie einer dieser echten Wow-Momente. Einer der Momente, in denen ich das

Gefühl habe, Max und mein Herz schlagen für einen kurzen Augenblick im selben Takt. Das klingt furchtbar kitschig, ich weiß. Und das ist es auch. Es ist aber so wahr in dem Moment, dass gar kein Platz bleibt für ein beschämtes oder schmunzelndes »Oh Mann, das ist so schnulzig, wir müssen sofort damit aufhören, sonst wird's irgendwie ekelig«. Und manchmal sind diese Wow-Momente so besonders und abgefahren, dass ich Tage brauche, um auf sie klarzukommen. Von genau so einem Moment möchte ich euch erzählen.

»Hey, ihr zwei Süßen! Clueso hat gerade auf seiner Facebookseite gepostet, dass er in einer Stunde ein kleines Spontankonzert im Fitcher's Vogel spielt!!! Lasst uns gleich da treffen?! Aufregung!! Helen.«

Ich lebe seit gut einem halben Jahr in Berlin. Mir ist die Leitung einer Einrichtung für obdachlose und drogenabhängige Kinder und Jugendliche anvertraut worden. Max wiederum wohnt noch immer in Göttingen und arbeitet dort an der Uni. An diesem Wochenende sehen wir uns nach einigen Wochen endlich wieder.

Max, meine beste Berlinfreundin Helen und ich sind mittlerweile im Fitcher's Vogel, einer meiner Stammkneipen Friedrichshains, angekommen und gucken Clueso, seinem Saxofonisten und einem Typen, der zwischen den Songs kleine Poetry-Slam-Einlagen bringt, beim Musizieren zu. Im größeren Raum der Bar haben es sich ungefähr hundert Leute auf Stühlen, Tischen und dem Boden bequem gemacht und lauschen entspannt den ersten Songs. Wir drei haben noch eins der gemütlichen Sofas ganz hinten ergattern können.

Was für ein schöner Abend bisher. Meine liebste Helen, mein allertollster Max und der schöne Clueso. Beseelt summe ich zu dem Song »Barfuß« ein wenig mit und lasse mich in den Abend fallen. Ohne dabei zu ahnen, dass er noch ein bisschen extra besonders werden wird. In diesem Moment reißt Clueso eine Gitarrensaite, und er muss eine unfreiwillige Klopause für alle einläuten, um im Backstageraum eine neue aufzuziehen. Na gut, dann eben noch eine Runde Drinks und einmal Pipi machen. Max geht los zur Bar und meint, er würde vorher noch mal eine kleine Runde beim Kicker im Nebenraum vorbeischauen. Soll er machen.

Nach ungefähr zwanzig Minuten betritt Clueso wieder die kleine Bühne, die eigentlich nur ein Minipodest ist, und beginnt zu spielen. Danach legt sein Kompagnon noch eine kleine Poetry-Slam-Einlage hin, die, ehrlich gesagt, nur geht so witzig ist. Aber was soll's. Max ist noch nicht wieder da. Auch nach dem dritten Song nicht. Manno, ich wollte doch ein bisschen romantisch mit ihm sein. Kickern kann er doch auch später noch.

Als ich zwei weitere Lieder später anfange, mich langsam zu ärgern, höre ich, wie Clueso plötzlich bedächtig ins Mikrofon sagt: »Liebe Leute, nun darf ich jemanden auf die Bühne bitten, der heute Abend spontan auch etwas beisteuern möchte. Einen Applaus für Max!« Ich erstarre. Kann mich vor Spannung kaum rühren. Was passiert jetzt? Hö? Ich muss grenzenlos bescheuert aus der Wäsche gucken. Ich sehe, wie Max zu Clueso auf das Podest steigt und das Mikrofon in die Hand nimmt. Langsam ahne ich, was passieren wird. Max' kreative Ader hat in den letzten Jahren dafür gesorgt, dass er kleine, feine Texte zu Papier bringt. Ich kann meinen Gedanken gar nicht zu Ende bringen, da beginnt Clueso, langsam und leise einige Akkorde auf seiner Gitarre zu zupfen, und Max beginnt zu sprechen:

»Die Mehrzahl von Ich ist Wir.
Doch uns selbst dürfen wir nicht verlieren.
Das ist uns mal passiert, im jugendlichen Leichtsinn.
Doch wir haben kapiert,
das Wichtige am Wir sind du und ich auch einzeln.

Die Einzahl von Wir ist Ich und Du.
Es braucht ein bisschen Mut
zu sagen, wir bleiben gemeinsam wir selbst.
Und auch oder vielleicht auch vor allem zu zweit,
sind wir, also du und ich, richtig cool.

So Pärchen-Pärchen find ich leichtsinnig,
weil man einen Teil von sich aufgibt,
wenn eins plus eins eins ergibt.

Und dass ich dich so heftig sexy find,
weil du jetzt die beste Chefin der Welt bist.
Wär doch krass selbstverliebt,
wärst du meine bessere Hälfte.

Du bist nicht die Hälfte von mir.
Du bist eine Hälfte vom Wir,
und das steht dir,
und das steht mir,
und das steht uns gut.

Wir zwei, mal gemeinsam, mal einzeln
und einfach im Herzen vereint,
ja, dann geht's uns gut!

Auf Ohne dich hätte ich keine Lust.
Es ist nicht alles geil mit uns,
aber ohne wäre alles viel schlimmer.
Deshalb sagen wir Ja zueinander,
und das erst mal für immer.

Wooow! Liebe ist ein großes Wort!
Aber du bist ein großes Mädchen, ich ein großer Junge,
und wir haben beide Großes vor.
Was ist hier Phase? Ein Liebeslied von mir?
Ich hab kein' Plan, was ich hier fasel?!
Aber Robin Scherbatsky
von *How I Met Your Mother* sagte einst so passend:
Anna, Falafel!!

Die Mehrzahl von Ich ist Wir.
Doch uns selbst dürfen wir nicht verlier'n.
Das ist uns mal passiert, im jugendlichen Leichtsinn.
Doch wir haben kapiert,
das Wichtige am Wir
sind du und ich auch einzeln.

Die Einzahl von Wir ist Ich und Du
Es braucht ein bisschen Mut
zu sagen: Wir bleiben gemeinsam wir selbst.
Und auch oder vielleicht auch vor allem zu zweit,
sind wir, also du und ich, richtig cool.«

Im ganzen Raum herrscht eine gespannte Stille. Ich stehe mittlerweile mitten im Raum. Habe mir, während Max all diese wunderbaren Worte sprach, meinen Weg durch die Zuhörer gebahnt. Den Blick nicht von ihm gelassen. Und auch alle anderen um uns herum starrten Max und mich abwechselnd voller Verwunderung und Rührung an. Dieser Mann dort oben, der augenscheinlich kein Mann ist, der überdurchschnittlich gerne im Rampenlicht steht, hat dieser Frau, die sonst alles andere als sprachlos ist, die Fassung genommen. Weil er den Raum mit seiner Liebe zu ihr erfüllte. Auf ganz besondere Weise. Denn abnutzen würde er die drei magischen Worte niemals. Wo bliebe sonst die Magie? Und nun gehen dieser Mann und diese Frau aufeinander zu und tun für einen Augenblick so, als würde es die Menschen um sie herum nicht geben. Denn sie sind nicht wichtig. In diesem Moment gibt es nur Max und Anna, die sich küssen und in ihrem eigenen Kosmos schweben.

WAS BISHER GESCHAH ...

»Scheiße, ich glaube, ich hab mich gerade verliebt!« Mit diesem Gedanken fuhr ich damals in der Nacht nach Hause, nachdem ich Max das erste Mal getroffen hatte. Es war ein spontaner Spieleabend mit gemeinsamen Freunden und ich gerade achtzehn Jahre alt. Ich kannte Max vorher nur vom Sehen aus der Schule, mehr Berührungspunkte gab es im Prinzip nicht. Wir trafen quasi das erste Mal so richtig aufeinander. Und es warf mich aus der Bahn. So richtig aus der Bahn.

Eigentlich hasse ich Spieleabende. Vielleicht, weil ich dabei einfach nicht wirklich entspannt sein kann. Bei uns zu Hause endeten Spieleabende nämlich oft in lauten Schreianfällen meines jüngeren Bruders, der mit dem Frust nicht klarkam, wenn sein Männchen bei »Mensch ärgere dich nicht« rausgeworfen wurde. Ich erinnere mich noch immer an den Urlaub im Allgäu und den einen schrecklichen Spieleabend, der sich Abend für Abend wiederholte. Jedes Mal wurde das Spielbrett mitsamt allen Figuren von meinem Bruder vom Tisch und an die Wand gepfeffert. Danach versuchten meine Eltern verzweifelt, die Wogen zu glätten. Harmonisch geht anders.

Spieleabende konnten wir jedenfalls nicht so gut. Was wir aber gut miteinander konnten, waren »Ausnahmsweise-vordemfernseheressen-Familienabende«. Im Ernst, wir haben sie zu viert richtig zelebriert. Mein Vater kochte ein besonderes Festessen. Braten mit Klößen und Rotkohl zum Beispiel. Alles selbst gemacht. Sogar mit kleinen ausgebackenen Croûtons in den Kartoffelknödeln. Die Soße fein abgelöscht. Noch heute läuft mir bei dem Gedanken daran das Wasser im Mund zusammen. Unter der Woche gab es auch immer Selbstgekochtes, aber eben ohne den Zauber des Samstagabends. Der Wohnzimmertisch wurde hübsch gedeckt und alle Köstlichkeiten nach und nach aufgetragen. Sogar Kerzen gab es. Und dann folgte der wichtigste Teil. Wir haben uns alle vor dem Fernseher um unseren Wohnzimmertisch versammelt und in schweigender, aber trauter Innigkeit das Festmahl genossen und auf den Bildschirm geschaut. Dazu muss man sagen, dass mein Bruder und ich kaum Fernsehen gucken durften und es somit zu den absoluten Highlights unseres Kinderlebens gehörte. Es waren die Jahre der Fernsehshows. »Wetten, dass..?«, »Die 100.000 Mark Show« oder »Traumhochzeit« waren jene Familienshowformate, die wir uns gemeinsam ansahen. Oder »Asterix und Obelix«. Das fand meine Mutter zwar langweilig, aber sie sah ein, dass ihre Gegenvorschläge unsere Begeisterung für die zwei Gallier nicht mindern konnten.

Wahrscheinlich waren mir diese Abende, in denen ich mich nach dem Essen zu meinem Papa aufs Sofa kuschelte, deshalb so heilig, weil es selten war, dass wir vier zusammen als Familie eine wirklich entspannte Zeit hatten. Gerade mein Vater liebte es, aus solchen Situationen etwas Besonderes zu machen. Sie richtig zu feiern. Dabei geht es doch nur um einen Abend vor der Glotze. Aber für mich und für uns war es mehr. So fühlte sich für mich Familie an.

Meine Eltern trennten sich, als ich vierzehn Jahre alt war. Es war keine Überraschung, aber es schockierte mich, wie sich mein Leben danach anfühlte. Die räumlichen Veränderungen, die mit einem Umzug aus meinem Elternhaus einhergingen, aber vor allem die inneren Veränderungen verkraftete ich nicht so recht. Wir waren keine Familie mehr. Nicht mal eine, die nur so halb gut funktionierte. Aber wenigstens hatte ich vorher eine, und das hatte mir immer Sicherheit gegeben. Diese Trennung riss mir den Boden unter den Füßen weg, und ich, die eigentlich ein lautes, manchmal zu schrilles und häufig im Mittelpunkt stehendes Mädchen war, wurde still. Still und traurig.

Vielleicht haute mich die Begegnung mit Max deshalb so um. Ich wusste es sofort. Es gab gar kein Entweder-oder. Ich hatte mich schon längst verliebt, auch wenn ich es mir erst nicht eingestehen wollte. Und das machte mir Angst. Weil eine leise Vorahnung mir sagte, dass das nicht nur irgendeine Verliebtheit war. Es war DAS Verliebtsein. Das eine, das Wahre, das Echte. Es war so, als machte es leise klick in mir, und damit war die Sache klar. Nicht auf eine hineingesteigerte, naive Weise. Es war einfach klar. Auf eine schöne Weise.

Wir lachten an diesem Spieleabend etwas mehr gemeinsam als mit den anderen. Erzählten eigentlich nur uns gegenseitig die Geschichten, die uns einfielen. Genossen die Zweisamkeit in der Gemeinsamkeit mit unseren Freunden. Am Ende des Abends fanden wir uns beide in einer Ecke sitzend wieder. In tiefe Gespräche versunken. Das kannte ich nicht von Jungs. Jedenfalls nicht so. Und vor allem nicht so früh. Ich kannte es, für meine stürmische Art gefeiert zu werden. Für die Anna, die auf der Schulbühne im Rampenlicht steht, ihr durchdringendes Lachen, ihr Selbstbewusstsein. Die laute Anna. Die unterhaltsame Anna. Die starke Anna. Aber nicht die andere Anna. Die, die auch die gegenteilige Seite in sich trägt. Die leise ist und schnell weinen muss, sich selbst manchmal nicht leiden kann. Die ihre Familie und sich verloren hat. Die, die Zweifel hat, ob sie sich jemals wieder sicher fühlen wird. Für diese Anna interessierten sich Jungs eher nicht. Und deshalb zeigte ich ihnen diese Anna auch nicht. Wollte so nicht gesehen werden.

Max sah mich an diesem Abend. Nicht meine konkreten Verletzungen, aber meine Verletzlichkeit. Durch meinen Panzer hindurch. Und es war okay. Ich war okay. Als Gesamtpaket. Mit beiden Seiten.

Ich weiß noch genau, wie ich damals, ein paar Tage nach besagtem Abend, nervös vor dem Telefon saß und mit mir rang, ihn anzurufen. Ich wollte Max unbedingt wiedersehen. Zu der Zeit war das mit den Handys noch nicht so wie heute, man rief sich noch an. Und dann musste man sagen, was man wollte. Ich musste ihn anrufen und sagen, was ich wollte. Ich musste ihn anrufen und ganz direkt fragen: »Wollen wir uns wiedersehen?« Ganz einfach. Oder eben auch überhaupt nicht einfach. Aber ich traute mich, rief mit zitternder Stimme an, und wir verabredeten uns für das kommende Wochenende.

Gott, war ich aufgeregt. Auf verstörende Art aufgeregt. Die Art, bei der einem Tage vorher so übel ist und man nur noch hofft, dem anderen bei der Begrüßung nicht vor die Füße zu kotzen. Oder ohnmächtig zu werden, weil man vor lauter Nervosität nicht wirklich etwas essen konnte. Die Art von Aufgeregtheit, bei der ich anfange zu faseln und furchtbar viel (und furchtbar viel Unsinn) zu erzählen. Wie jemand, der stolpert und galant versucht, sich wieder zu fangen, sich dabei aber die Beine immer weiter verheddern und alles nur noch schlimmer wird. Von außen betrachtet, muss ich, wenn ich verliebt bin, ein schreckliches Fremdschämszenario darstellen.

Aber all meine Aufregung war viel schneller vergessen als gedacht. Wir trafen uns im Stadtpark und saßen stundenlang in der Sonne und redeten, lachten, dachten nach, fühlten uns wohl. Ja, ich fühlte mich wohl. Sehr sogar. Ich musste mich vor Max nicht verstellen, ich konnte einfach ich sein. Fühlte mich genau richtig in seiner Nähe. Ich vertraute ihm. Einfach so. Und irgendwann am Abend im Stadtpark bahnte sich unser erster Kuss an. Langsam und vorsichtig. Ein Kuss von Bedeutung. Der erste Kuss von Max und Annas gemeinsamer Geschichte. Wie ein Siegel. Wie ein stilles Versprechen, dass der letzte Kuss noch ewig auf sich warten lässt. Wenn man so verliebt ist, dann will man das für immer festhalten. Den anderen nicht verlieren. Füreinander Familie sein. Max hat sich immer darüber lustig gemacht, als Anna irgendwann sagte, er sei ihre Familie. Man sei erst eine Familie, wenn man Kinder habe, so meinte er. Aber für Anna waren sie auch so eine. Sie wollten füreinander da sein. Ganz egal, was kommen würde. Sie würden Liebhaber, aber auch engste Vertraute sein. Gemeinsam durchs Leben gehen. Das war ihnen klar. Als sie sich trafen. Als sie achtzehn waren.

UND DAS FUNKTIONIERT?!

Seither sind fünfzehn Jahre vergangen, und Max und ich führen eine offene Beziehung. Mittlerweile sogar eine offene Ehe.

»Offene Ehe? Was soll das denn heißen? Und das funktioniert?!« Diese und ähnliche Reaktionen begegnen mir, wenn ich anfange, von meiner Beziehung zu erzählen. Und ja, es funktioniert. Sehr gut sogar. Für uns ist es genau das Richtige. Aber ich verstehe die Neugierde und die Nachfragen natürlich auch sehr gut. Heißt das, dass wir in Swingerclubs gehen? Oder, dass wir uns als Paar andere Menschen zum Sex einladen? Oder vielleicht, dass wir auch mit anderen richtige Liebesbeziehungen führen, also polyamourös leben? Oder eher so ein Modell à la »Was er nicht weiß, macht ihn nicht heiß?«. Wir dürfen mit anderen vögeln, lassen es den anderen aber nicht wissen?

Weder noch. Wir sind einfach ein Ehepaar. Wir führen eine sehr erfüllte und harmonische Beziehung, in der auch Sex mit anderen Menschen erlaubt ist. Das kann ein klassischer One-Night-Stand sein oder auch eine Affäre, die über Monate geht. Eben solange sie sich gut anfühlt. Wir erzählen uns davon. Aber nicht im Detail. Ich hab keine Ahnung, was Max' letztes Date für Unterwäsche trug oder in welcher Stellung sie es taten. Das will ich auch nicht wissen. Ich weiß aber, wie die beiden sich kennengelernt haben und wie sie reagiert hat, als sie erfuhr, dass sie nur mit ihm schlafen und eine entspannte Zeit haben darf. Ohne die Option auf mehr. Weil es mich gibt. Weil es uns gibt. Max und Anna.

Der Weg in eine offene Beziehung war kein Entschluss, den

wir gefasst und umgesetzt haben. Es war ein Prozess. In uns beiden und miteinander. Auch eine Reihe glücklicher Fügungen haben uns viele Schritte begleitet. Anders aber, als man vielleicht vermuten mag. Bei uns war es nicht so, dass wir zusammenlebten und irgendwann entschieden haben, dass wir ab einem bestimmten Zeitpunkt auch mit anderen schlafen dürfen. Ich muss auch ehrlich sagen, dass ich das für eine wirklich große Herausforderung halte. Den Gesprächsanlass zu finden, über das Bedürfnis nach einer offenen Beziehung zu sprechen, und dann ein »laufendes Modell« langsam zu verändern stellt in meinen Augen eine hohe Anforderung an alle Beteiligten dar.

Wir sind auf anderem Weg hineingewachsen. Unsere offene Beziehung entstand eigentlich aus einem Neuanfang heraus. Wir hatten uns voneinander getrennt. Doch im Nachhinein sehen wir unsere Trennung eher als Startschuss. Sie hatte vor allem damit zu tun, dass wir das Gefühl hatten, wir müssten wieder mal ein paar Schritte alleine gehen. Unabhängig vom Wir. Wir brauchten beide mehr Freiheit. Nicht, weil wir den anderen nicht mehr liebten. Wir waren nur so nah beieinander, dass es mir damals schwerfiel, wirklich zum Kern meiner Wünsche und Ideen vorzudringen, weil ich immer auch gleich unsere Beziehung mitgedacht habe. Ich wollte nach Berlin gehen, befand mich in einer beruflichen Krise und wollte für mich alleine herausfinden, wohin mich meine Reise führt. Aber Max mag Berlin nicht als Wohnort. Und ich weiß, dass es keine gute Idee ist, irgendwo zu leben, wo man nicht hundertprozentig glücklich ist. Genau dieser Kompromiss hatte großen Anteil an meiner Krise. Zu dieser Zeit lebten und arbeiteten wir beide nämlich noch in Göttingen, dem Ort, in dem ich auch studiert hatte. Ich kannte alles und jeden, und obwohl diese Stadt wunderschön ist und mir einige meiner tollsten Jahre geschenkt hat, hatte ich genug. Mich langweilte die Stadt, ich wollte raus in die Welt und Neues erleben. Auch mein Job als Sozialarbeiterin war so in der Form und unter den Arbeitsbedingungen nicht mehr das Richtige für mich. Ich fühlte mich wie ein Hamster im Rad. Eilte von Familie zu Familie, um à la Supernanny nach dem Rechten zu sehen. Irgendwann konnte ich nicht mehr. Ich war ausgelaugt. Hatte viel zu lange nicht mehr bei mir selbst nach dem Rechten gesehen. Ich musste raus. Mich selbst wiederfinden. Max wiederum hatte gerade eine Stelle an der Uni angenommen, tolle neue Kollegen und fühlte sich überhaupt nicht nach Umbruch. Wir entschieden uns also für eine Trennung, beziehungsweise für Unabhängigkeit voneinander. Abstand, um zu sehen, was da so kommt.

Am Anfang nannten wir uns noch Affäre. Sie begann ein paar Wochen, nachdem wir uns getrennt hatten und ich nach Berlin gezogen war. Es ging nicht anders. Zwar waren wir beide offiziell Single, jeder kümmerte sich tatsächlich um seine eigenen Ziele und Wünsche, und ich fand endlich wieder zu mir selbst, aber wir verbrachten so gerne Zeit miteinander, dass wir uns gegenseitig an den Wochenenden besuchten. Arbeiteten auf, was vor der Trennung an mancher Stelle auch zwischen uns beiden schiefgelaufen war. Uns wurde aber schnell klar, dass wir niemals nur eine Affäre füreinander sein könnten. Wie auch? Wir liebten uns doch. Und nur, weil unser Verstand uns weismachen wollte, dass das jetzt nun mal so war mit der Trennung, spielte unser Herz noch lange nicht mit. Wir waren doch die beiden, die ihr Leben miteinander verbringen wollten. Wir konnten und wollten uns nicht loslassen. Wollten uns nah sein. Als Liebespaar.

Wir lernten aber gleichzeitig andere spannende Menschen kennen. Und das fanden wir wahnsinnig aufregend. Wir wollten uns ausprobieren. Und das taten wir auch. Wir genossen unsere Abenteuer, hatten Spaß. Eine Menge davon. Aber wie konnten wir uns selbst und unserem Wunsch nach Freiraum treu bleiben – und uns gleichzeitig gegenseitig treu sein? Innerhalb einer offenen Beziehung. Absolutes Neuland für uns. In unserem Umfeld gab es niemanden, der ähnliche Beziehungsideen hatte oder lebte. Für uns war es die Entdeckung einer neuen Welt. Und die brauchte unsere eigenen Regeln. Für den Sex mit anderen und allem, was daran hing. Über die mussten wir reden. Und das taten wir auch. Wie an jenem Samstagnachmittag vor sieben Jahren im spätherbstlichen Berlin, meinem neuen Zuhause.

Max sitzt mir mit verschränkten Armen gegenüber auf dem verschnörkelten Metallbett. Es gehört dem Mädchen, das mir ihr Zimmer im Wedding für ein paar Monate untervermietet hat. Er ist genervt: »Wieso kannst du nicht einfach in einen Club gehen, dir irgendeinen netten Typen aufreißen und mit nach Hause nehmen? Das würde alles viel leichter machen. Warum muss es immer jemand aus deinem Freundeskreis sein? Jetzt, wo wir wieder zusammen sind, wird es doch bestimmt auch irgendwie mein Freundeskreis werden. Und es ist ja jetzt schon eher so halbcool, dass da ein, zwei Typen dabei sind, mit denen du mindestens einmal geknutscht hast.«

Und ich verstehe ihn. Und ich verstehe mich. Und ich bin genervt. Es wäre in der Theorie sehr viel einfacher, ja. Ich würde mir einfach einen Typen aussuchen und schauen, ob er mich auch cool findet. Und dann einen netten Abend haben. Tanzen, flirten, nachts um drei nach Hause gehen, wenn's passt, vögeln. Aber so ticke ich nicht. Und so etwas habe ich auch noch nie gemacht. Jedenfalls nicht so.

»Ich meine, so schwer ist das doch gar nicht«, reißt mich Max gleich wieder aus meinen Gedanken. »Ich verstehe einfach immer noch nicht so richtig, warum das für dich so krass was anderes ist.«

»Sorry, aber mir geht es nicht allein ums reine Vögeln. Da bin ich anders gestrickt als du«, entgegne ich.

»Ich vögel doch aber auch nur Frauen, die ich sympathisch finde«, antwortet Max schmunzelnd.

»Aber ich lerne potenzielle Affärenmänner nun mal lieber über Freunde kennen. Ich brauch da irgendwie eine Art Vertrauensvorschuss. Dann kann ich ihn ganz in Ruhe auschecken und gucken, wie er so drauf ist. Wie er zum Beispiel mit seinen Freunden umgeht und so weiter. Vielleicht seh ich ihn noch mal auf 'ner anderen Party und kann da gucken, ob sich vielleicht was ergibt. Dann kann ich mich langsam anpirschen, ihn besser kennenlernen. Gucken, ob er auch Interesse hat. Verstehst du, was ich meine? Ich bin da sonst auch einfach zu schüchtern. Und ganz im Ernst, stell dir vor, ich nehm so 'nen Kerl aus 'nem Club mit nach Hause, und der ist voll der Assi«, werfe ich weiter ein. »Ich meine, wir sind in Berlin, da kriegt doch keiner mit, wenn der sonst was mit mir macht.«

»Du lernst den Typen doch vorher ein bisschen kennen. Ich meine ja nicht, dass es jemand Wildfremdes sein soll, mit dem du nur drei Worte wechselst. Es muss ja nicht gleich der abgefuckte Technoclub sein. Man lernt ja auch einfach im Café oder auf der Straße nette Leute kennen, wenn man will«, wendet Max ein. »Fürs Erste wäre es ja einfach mal schön, wenn es niemand aus unserem Freundeskreis wäre.«

»Verstehst du denn gar nicht, warum das für mich so irgendwie cooler ist?«, frage ich noch mal nach.

»Doch, klar, ich glaube, ich weiß schon, was du meinst«,

sagt Max zu mir und setzt sich bequemer hin. »Du willst dir den Typen vorher genau angucken und sehen, ob er dir wirklich gefällt und du ihn magst. Und vor allem möchtest du sicher sein, dass er dich mag und du keinen Korb riskierst.«

Max hat nicht völlig unrecht. Wenn ich ganz ehrlich zu mir bin, hat meine bisherige Vorgehensweise auch mit der Gefahr zu tun, mir eine Abfuhr einzufangen. Ich traue mich nur, einen Move zu machen, wenn ich hundertprozentig sicher bin, dass der Typ mich auch toll findet. Ich bin keine der Frauen aus »Sex and the City«, die sich nimmt, was sie will. Obwohl ich das ja schon immer bewundert habe, wie direkt die Mädels aus der Serie Männern gegenüber sein konnten und durften. Ich bin eher von dem Rollenverständnis geprägt, dass sich Mädchen und Frauen eher zurückhalten und abwarten (sollen), bis der Typ den ersten Schritt macht. Und ich hasse es! Ich mochte diese ganzen Spielchen noch nie. Dieses Warten darauf, dass er sich bei mir meldet, ohne wirklichen Handlungsspielraum. Bloß nicht zu schnell antworten. Auf keinen Fall zu lange warten. Schrecklich.

»Ja, ich glaube, da ist wirklich was dran«, antworte ich einlenkend. »Das würde dann natürlich viel mehr Souveränität und Mut von mir erfordern, wenn ich jemanden in einer Bar ansprechen würde. Vielleicht muss ich das einfach mal ausprobieren. Mich einfach mal trauen. Das find ich aber echt noch megaaufregend, wenn ich ehrlich bin. Und 'n bisschen Schiss hab ich auch. Ich hab noch nie 'ne richtige Abfuhr bekommen. Wahrscheinlich, weil ich eben schon vorher gemerkt habe: Nee, der steht nicht auf mich.« »Was wäre denn an einer Abfuhr so schlimm? Mal abgesehen davon, dass du 'ne tolle Frau bist und ich mir nicht vorstellen kann, dass das oft passiert. Warum hast du so viel Angst davor? Der Typ kennt dich ja gar nicht, also wirklich persönlich nehmen müsstest du es ja nicht«, legt Max los, als hätte er meine Gedanken gelesen. »Und du selbst stehst ja auch nicht auf jeden Mann. Aber deshalb findest du ihn ja dann nicht grundlegend scheiße. Vielleicht musst du dir mal gezielt 'ne Abfuhr einholen, dann merkst du, dass das echt kein großes Ding ist. Der Mensch findet dich dann ja nicht furchtbar, er möchte nur keinen Sex mit dir. Und wenn es dich tröstet: Es will auch nicht jede Frau mit mir ins Bett. So what? Go for it.« »Oh Gott, nein!«, sage ich und verstecke lachend mein Gesicht in meinen Händen. »Da werd ich beim Gedanken daran ja schon rot.« »Na ja«, schmunzelt Max, »es gibt schon Cooleres auf der Welt als einen Korb, aber eben auch sehr viel Schlimmeres.« Ich schaue zum Nachttisch, der ein wenig zu weit weg steht, und Max reicht mir wortlos meinen Kaffee.

»Aber mal ganz ehrlich, Anna«, wird Max wieder ernst, »wie stellst du dir das denn generell vor, wenn du weiterhin was mit Typen aus deinem Freundeskreis hast? Soll ich mich dann mit jedem deiner Lover anfreunden? Denk das doch mal andersherum. Das fändest du doch auch nicht geil, oder? Stell dir vor, wir sind zusammen auf einer Party, und dann ist da 'ne Frau, mit der ich manchmal schlafe. Oder nicht mal das, es reicht ja schon, dass es vor ein paar Monaten mal passiert ist. Wir holen uns was zu trinken, und plötzlich stehen wir alle drei voreinander, und ich muss euch einander vorstellen. Und dann? Meinst du wirklich, du bist dann super entspannt und fragst freudig nach, wie's ihr geht? Überlegst du dann nicht, wie sie vielleicht nackt aussieht? Stell dir vor, du findest sie vielleicht auch noch hübscher als dich selbst gerade in dem Moment. Würde dich das total kaltlassen? So gar nicht verunsichern? Es ist ja nicht so, als würden wir jeden Tag voller Selbstbewusstsein strotzen. Ich kann mit den Bildern, die ich vielleicht manchmal in meinem Kopf habe, viel entspannter umgehen, wenn ich das Gesicht dazu nicht kenne – oder zumindest nicht regelmäßig in unserer Küche sitzen sehe.«

»Ach Mann, du hast ja recht!«, entfährt es mir etwas frustriert. »Das ist scheiße und nein, darauf hab ich auch keinen Bock. Allein der Gedanke daran kotzt mich ja gerade schon an. Aber wie sollen wir es denn dann machen? Ich brauche einfach diese Basis oder Vorlaufzeit. Wie man es eben nennen will. Aber es muss ja auch fair sein. Nur weil du diesen Vertrauensvorschuss nicht unbedingt brauchst, sollte ich auf andere ja nicht verzichten müssen. Ich bin nun mal so. Zumindest jetzt gerade. Das heißt ja nicht, dass ich nicht irgendwann jemanden kennenlerne, der überhaupt nichts mit meinen Leuten oder meinem sonstigen Leben zu tun hat. Aber jetzt gerade ist das eben nicht erzwingbar. Dafür muss es doch eine Lösung geben!«

»Dass du so viel Vertrauen brauchst, versteh ich ja. Ich dachte, es geht dir auch vor allem um Sex. Scheinbar aber nur mit einem Mann, der auch Beziehungspotenzial hat«, hakt Max nach. »Nein, ich will mit diesen Menschen überhaupt keine Beziehung haben.« Ich lache bei dem Gedanken daran, mit Andi oder Flo eine Beziehung führen zu müssen. »Es geht schon vor allem um Sex«, erwidere ich. »Aber um guten Sex zu haben, brauche ich mehr als irgendeinen Typen. Ich muss schon den ganzen Menschen irgendwie heiß finden. Eben auch mögen. Seinen Charakter anziehend finden. Ich finde halt nicht nur Körper heiß, sondern will mich auch gut unterhalten. Sex ist für mich vor allem dann schön und auch befriedigend, wenn es zwischenmenschlich gut passt. Ich will ja auch als Person gefeiert und gemocht werden. Nicht ausschließlich als Sexpartner. Ich will nicht nur einfach 'ne Nummer schieben«, sprudelt es aus mir heraus, »ich will auch, dass der Typ mit mir gut umgeht und ich mit ihm und wir uns mögen. Ich glaube, nur dann kann ich mich beim Sex wirklich fallen lassen. Denn mal im Ernst, für Männer ist es durchaus leichter, bei einem One-Night-Stand auf seine Kosten zu kommen. Aber ich bin dann zum einen einfach sehr aufgeregt, weil so viel Neues passiert, wenn ich das erste Mal mit jemandem ins Bett gehe. Und der Typ weiß zum anderen eben auch meistens noch nicht, was ich gerne mag. Was er machen kann, damit ich zum Beispiel einen Orgasmus bekomme. Das finden beide ja meistens erst etwas später heraus, wenn man noch ein paar Mal miteinander geschlafen hat. Und du kennst mich, ich muss einfach voll entspannt sein, um kommen zu können. Und das geht nun einmal am besten, wenn ich mich mit dem Mann auch wirklich wohl und von ihm begehrt fühle.«

»Ja, ich kann zwar auch bei 'nem One-Night-Stand kommen. Aber grundsätzlich freue ich mich ja auch darüber, wenn es mega der coole Sex ist und die Frau und ich uns gut verstehen und wiedersehen wollen. Es macht halt Spaß, sich im Bett etwas besser kennenzulernen«, gibt Max zurück. »Ja, genau«, meine ich, »das ist ja das Aufregende daran.« »Stimmt«, bestärkt mich Max, »aber ich finde alles, was vor dem eigentlichen Sex passiert, schon voll spannend. Das Kennenlernen, das Flirten. Könnte ich, wenn ich wollte? Wie spreche ich sie am besten an? Da nimmst du dir voll den aufregenden Teil, wenn du immer auf Nummer sicher gehst und abwartest. Und vielleicht macht es dir ja auch Spaß, dich auszuprobieren.«

»Ja, wahrscheinlich schon. Ein bisschen mehr Mut stünde mir sicher gut«, sage ich lachend. Max gibt mir augenverdrehend ein Low Five für den miesen Reim. »Du kannst doch auch sonst superdominant sein und bist selbstbewusst und 'ne krass starke Frau. Im Alltag sowieso, aber auch im Bett«, ermutigt er mich weiter. Jetzt gebe ich Max für dieses schöne Statement ein High Five und stehe auf. »Ich brauche eine Pause. Duschen?« Und so verschieben wir das Ende des Gesprächs auf später und gehen optimistisch davon aus, dass sich unser Dilemma schon irgendwie von selbst lösen wird.

Und so kam es dann auch. Eine der zahlreichen glücklichen Fügungen, die mir und uns in die Karten gespielt haben. Völlig ungeplant und aus dem Bauch heraus. Ich lernte ungefähr zwei Monate nach unserem Gespräch einen Mann auf einer Album Release Party in Friedrichshain kennen und fing eine Affäre mit ihm an. Sein Name war Ben. Das Zweitbeste: Wir hatten keinen einzigen gemeinsamen Freund. Und das Beste: Wir fanden uns gegenseitig als Gesamtpaket ziemlich cool. Es ging also doch.

Gespräche wie diese zwischen Max und mir können supernervig und anstrengend sein. Weil wir nicht immer gleich eine Lösung für unsere Probleme finden und erst mal den Standpunkt des anderen verstehen müssen. Und dafür wiederum Geduld und Empathie brauchen, auch wenn wir gerade überhaupt keinen Bock darauf haben. Doch weil es auch diese Gespräche gibt, durch die wir uns richtig durchboxen müssen, lösen sich unsere Konflikte nach und nach. Es ist Arbeit und fordert Kraft, aber am Ende tut es richtig gut.

Max und ich führen also eine offene Beziehung. Seit sieben Jahren. Und wir sind verheiratet. Seit fünf Jahren. Weil wir unser Leben miteinander verbringen wollen. Noch ganz viele Jahre.

UNSER BEZIEHUNGSKNIGGE

»Offene Beziehung«, das klingt nach einem Spiel ohne Regeln. Man darf und tut, was man will. Solche offenen Beziehungen gibt es bestimmt. In unserer ist jedoch nicht alles erlaubt. Es gibt Regeln. Nicht furchtbar viele, aber furchtbar wichtige. Und an die wollen wir uns halten. Das heißt im Umkehrschluss auch, dass wir uns – und unserer Beziehung – trotz aller Freiheiten – durchaus untreu werden könnten. Unser Vertrauen missbrauchen könnten. Wenn ich beispielsweise mit einem meiner besten Freunde ins Bett gehen würde. Oder Max mit einer Kollegin. Beides wäre alles andere als in Ordnung. Aber das passiert ja zum Glück nicht.

Es hat ein bisschen gedauert, die richtigen Regeln für uns zu finden. Wir hatten in unserem Umfeld kein anderes Paar, das wir hätten fragen können, welche Abmachungen erfahrungsgemäß gut sind und welche nicht. Auch der Büchermarkt gab nicht das her, wonach wir suchten. Das Internet auch nicht. Denn es ging ja irgendwie um uns. Und so richtig passten die Regeln und Geschichten, die ich las, nicht zu Max und mir. Entweder las ich etwas über Menschen, die polyamourös leben, also mehrere Personen gleichzeitig lieben und auch Beziehungen mit ihnen führen, oder ich landete in der Swingerszene. Viele, von denen ich in einem Internetforum las, hatten vor allem zusammen als Paar Sex mit anderen. Aber das ist nicht unser Ding. Beide Varianten würden wir für die Zukunft nie ausschließen, weil wir viele Dinge erst mal nicht ausschließen. Aber damals und auch heute sind Nebenbeziehungen oder Swingerclubs nicht unsere Welt.

Wir mussten uns also selbst auf die Suche begeben, Absprachen treffen, ausprobieren und überdenken. Das war ein wichtiger, aber manchmal auch anstrengender Prozess. Immer wieder verstrickten wir uns bis ins letzte Detail in Was-wäre-wenn-Szenarios, obwohl doch in Wirklichkeit noch gar nichts passiert war. »Aber was ist, wenn dir die andere Frau dann andauernd Nachrichten schreibt? Das will ich doch gar nicht mitbekommen. Vor allem dann nicht, wenn wir beide gerade Zeit miteinander verbringen«; »Was ist denn, wenn du gerade keinen hast, darf ich dann auch keine Affäre treffen?«; »Sollen wir irgendjemandem davon erzählen? Was denken die Leute denn darüber?«.

Ziemlich schnell haben wir gelernt, dass es für uns der richtige Weg war, erst einmal ein paar grundsätzliche Regeln aufzustellen und den Rest auf uns zukommen zu lassen. Es gibt so viele unterschiedliche Menschen, die so unterschiedliche Gefühle in uns auslösen und immer andere Ausgangsbedingungen, dass es einfach keinen Sinn ergibt, alle Eventualitäten im Vorfeld zu besprechen. Weil es schlichtweg nicht möglich ist. Wir ließen also die Dinge, die wir nicht kontrollieren und vorhersehen konnten, einfach erst mal so stehen und alles auf uns zukommen. Für das Grundsätzliche hatten wir unseren kleinen Beziehungsknigge.

Regel 1

Max und ich dürfen immer ein Veto einlegen. Wenn bei einem von uns das Bauchgefühl nicht stimmt, dann wird es sofort angesprochen, und wir schauen, woher es kommt und wie wir damit umgehen können. Hat es etwas mit der anderen Person zu tun, oder liegt das Problem bei uns als Paar? Fühlt sich einer innerhalb unserer Beziehung gerade nicht gesehen und braucht mehr Aufmerksamkeit? Rührt eine eventuelle Eifersucht daher, dass man sich mit sich selbst gerade doof fühlt? Was brauchen wir? Jeder Einzelne von uns. Und wir gemeinsam.

Einmal wollte ich etwas mit einem Mann anfangen, der zwei Häuser weiter einen Skateshop besaß. Damals wohnte ich noch in Berlin. Max hatte gar nichts gegen den Typen an sich. Er hatte einfach keine Lust, auf den letzten Metern zu unserem gemeinsamen Wochenende mutmaßen zu müssen, ob es wohl der Typ mit der Wollmütze oder der mit dem Hipster-Bart ist. Mehr als verständlich. Und daran ließ sich auch nichts ändern. Der Skateshop war nun mal genau da und meine Wohnung fast daneben. Also verzichtete ich auf die Affäre. Weil es Max und mir als Paar nicht gutgetan hätte, und das steht immer an erster Stelle. Nur dann ist das alles möglich.

Regel 2

Zwischen uns als Paar ist offene und ehrliche Kommunikation der Grundstein des Ganzen. Wir sagen uns immer, wenn etwas nicht in Ordnung ist – aber auch, wenn es das ist. Wir sind nicht verpflichtet, uns Einzelheiten aus unseren Affären zu erzählen oder zu verschweigen. Wir dürfen darüber reden, wenn wir möchten. Und wir dürfen natürlich auch nachfragen, wenn uns etwas beschäftigt. Manchmal ist das nötig, weil man in einem kleinen Unsicherheitsanfall doch noch mal nachhaken muss, ob die neue Frau oder der neue Mann auch wirklich verstanden hat, dass nicht mehr zu holen ist als eine Affäre.

Regel 3

Wir treffen unsere LiebhaberInnen nicht bei uns zu Hause. Wir sind nicht besuchbar, wie man in Onlinedatingkreisen so schön zu sagen pflegt. Unser Zuhause ist unser gemeinsamer Rückzugsort, da haben Affären nichts zu suchen. Als wir eine Fernbeziehung hatten, war das anders. Da haben wir unsere Affären schon in unsere jeweilige Wohnung einladen können. Jetzt, wo wir gemeinsam in einer Wohnung leben, möchten wir das nicht mehr.

Das heißt im Alltag, dass wir eben immer zu den anderen fahren müssen oder, falls ein Treffen dort auch nicht möglich ist, wir uns mit dem/der Geliebten ein Hotelzimmer oder eine Airbnb-Wohnung für eine Nacht nehmen. Das ist zwar aufwendiger, aber wir brauchen einen affärenfreien Raum für uns als Paar. Dazu gehört übrigens auch, dass wir nur frisch geduscht in unser heimisches, gemeinsames Bett steigen.

Regel 4

Wir schlafen mit niemandem aus unserem engen Freundeskreis oder unserer Arbeit. Zum einen wollen wir die Affären des anderen nicht unbedingt kennenlernen. Zum anderen ist es uns wichtig, auch unseren Raum für uns zu haben, in dem wir als Paar oder Einzelne agieren können, ohne dass es irgendwie um das Thema Affären geht oder welche anwesend sind.

Regel 5

Unsere Affären müssen von Anfang an Bescheid wissen, worauf sie sich mit uns einlassen. Nichts ist unfairer, als einem anderen etwas zu suggerieren, das er nicht bekommen kann. Transparenz ist gefragt und unabdingbar. Bei mir ist es tatsächlich so, dass ich ziemlich schnell, meist sogar vor dem ersten Kuss, erzähle, dass ich in einer offenen Ehe lebe. Dass ich für schönen Sex und eine entspannte gemeinsame Zeit zu haben bin. Aber nicht für eine Beziehung.

Wir möchten nicht, dass sich jemand falsche Hoffnungen macht. Natürlich darf man sich gerne in uns verknallen, das tun wir selbst auch manchmal. Und das ist auch für uns als Paar in Ordnung. Aber schlecht sollte es niemandem gehen.

Wir gehen nur Affären mit Menschen ein, die unser Beziehungsmodell kennen, verstehen und auch wirklich in Ordnung finden. Und nicht mit Menschen, die es bewusst oder unbewusst doch versuchen zu unterwandern und eine komische Stimmung verbreiten. Das ist uns in all den Jahren zum Glück noch nie passiert. Vielleicht reden wir vor unseren Affären aber auch einfach zu positiv voneinander.

Regel 6

Wir kennen von den meisten der Affären des anderen den Namen nicht. Ich weiß also bei fast keiner von Max' Affären den richtigen Namen. Wir reden über »die Schanzenhamburgerin«, »den Auswanderer«, »den jungen Hamburger« oder »die Spanierin«. Nicht aus mangelndem Respekt den Personen gegenüber. Wir vögeln ja nicht wahllos herum, ohne ein wertschätzendes Verständnis von dem Menschen zu haben, der uns da gegenübersitzt. Zu einigen haben wir im Laufe der Zeit eine wirklich schöne Freundschaft entwickelt. Max und ich brauchen gerade für längere Techtelmechtel einen echten Draht zu dem anderen.

Diese Kosenamen bewahren uns in weniger selbstsicheren Phasen vor zu viel Kopfkino oder eifersüchtigen Gefühlen. Für uns entsteht eine gewisse Distanz, die es uns sehr erleichtert, keine zu expliziten Bilder und Situationen in unseren Köpfen zu entwerfen. Das mag erst mal komisch klingen, aber es ist cooler, wenn ich beispielsweise am nächsten Tag höre: »Ja, ich hatte einen sehr entspannten Abend mit der Spanierin«, als so was wie: »Pia wollte gerne mal Analsex ausprobieren, und was soll ich sagen, es war der Wahnsinn!« Es geht darum, dass wir steuern möchten, wie viel wir von den Erlebnissen und den dazugehörigen Menschen erfahren bzw. preisgeben möchten. Also setzen wir meist bei mehr Distanz an und können dann immer noch sehen, wie viel wir erfragen oder erzählen wollen. Es gab ein paar wenige Affären, von denen der andere mit der Zeit dann mehr erfahren wollte. Das sind meist diejenigen, die wir über viele Monate regelmäßig sehen. Zu einem tatsächlichen Kennenlernen kam es bisher aber noch nie. Das mag sich zukünftig auch ändern. Grundsätzlich lernen wir die Affären des anderen aber nur kennen, wenn es der Zufall so entscheidet.

Regel 7

Das Thema Verhütung in einer offenen Beziehung ist natürlich wahnsinnig wichtig. Ich möchte nicht von einem anderen Mann als Max schwanger werden. Und Max möchte nicht, dass eine andere Frau außer mir schwanger wird. Das ist, ehrlich gesagt, mein schlimmster Albtraum. Natürlich würde es auch für den Fall der Fälle einen Umgang damit geben, aber wenn es sich vermeiden lässt: Unbedingt! Da sind wir sehr vorsichtig und arbeiten mit »doppeltem Boden«. Das heißt immer mit Kondom + X, also Pille, Diaphragma, (Hormon-)Spirale, Hormonpflaster und was es da sonst noch alles auf dem Markt gibt. Manche Frauen verhüten aber nicht hormonell oder mechanisch, sondern kennen ihren Zyklus im besten Fall gut oder machen NFP (Natürliche Familienplanung – eine symptothermale Verhütungsmethode, die sich auf die Auswertung der Basaltemperatur und beispielsweise des Zervixschleims stützt) und wissen sehr gut, wann sie fruchtbar sind und wann nicht. In beiden Fällen reicht uns das für ein X, also den doppelten Boden, aber nicht aus. Denn ich kann nicht darauf vertrauen, dass die Frau, mit der Max schläft, auch wirklich jeden Morgen ihre Temperatur richtig misst und richtig auswertet oder sich just in diesem Monat der Eisprung nicht doch verschiebt. Selbstverständlich sind auch sexuell übertragbare Krankheiten ein No-Go.

Ich habe, bevor ich wieder mit der Pille angefangen habe, auch eine Zeit lang nicht hormonell, aber sehr sorgsam mit NFP verhütet. Das hieß für meine Liebhaber natürlich, wie immer ein Kondom zu benutzen, und zusätzlich, dass sie nicht in mir kommen durften. Also nicht in meiner Vagina. Denn falls das Kondom aus irgendeinem Grund platzen sollte, wirkt auch die Pille danach nicht immer. Sie verschiebt vor allem den Eisprung nach hinten, sodass die Spermien nun doch kein Ei zum Befruchten vorfinden und dann schon tot sind, wenn der verschobene Eisprung kommt. Wenn der Eisprung nun aber zum Zeitpunkt des geplatzten Kondoms schon da ist, gibt es nichts mehr, das nach hinten verschoben werden kann. Dann hat man den Salat!

Es mag für manche etwas übertrieben klingen, aber ich will mich wirklich fallen lassen können beim Sex mit Max und mit anderen. Und dazu gehört für mich auf jeden Fall, dass ich mir keine Sorgen um eine ungewollte Schwangerschaft oder Krankheiten machen muss. Und wir fahren gut damit. Wenn sich das ändert, reden wir darüber. Aber das ist sowieso immer der Fall.

Regel 8

Wir treffen eine Affäre nur alle zwei Wochen. In dieser Zeit können wir gern auch eine eventuelle zweite Affäre sehen. Zumindest haben wir das irgendwann mal so entschieden und das auch viele Jahre so beibehalten. Es gibt auch hier immer mal wieder Ausnahmen. Aus rein praktischen und terminlichen Gründen beispielsweise. Mittlerweile ist es in Ordnung, sich auch mal wöchentlich mit einer bestimmten Person zu treffen, wenn man da gerade mal Lust drauf hat. Es sollte nur nicht überhandnehmen. Grundsätzlich haben wir gemerkt, dass es uns in unserer Beziehung zueinander nicht stört, wenn es zu einer Affäre mal engeren Kontakt gibt, weil es gerade so schön ist oder guttut. Seit Jahren verbringen wir aber immer nur eine Nacht am Stück mit unseren Affären. Vielleicht wird es in Zukunft auch mal in Ordnung sein, für ein Wochenende mit jemand anderem wegzufahren, aber das sehen wir dann, wenn der Wunsch tatsächlich auftauchen sollte.

Eine Zeit lang gab es bei uns die Regel, dass nicht jede Sexpraktik mit einer Affäre erlaubt ist. Wir hatten die Idee, dass es schön ist, bestimmte Dinge nur miteinander zu tun. Aber wir haben gemerkt, dass wir als Paar auch ohne eine uns vorbehaltene Praktik unverkennbaren, tollen Sex haben. Dazu müssen wir uns beispielsweise nicht den Analsex mit anderen verwehren.

Als wir noch in einer Fernbeziehung lebten, haben wir außerdem in der Nacht, bevor einer den anderen besuchte, keine Liebschaften getroffen. Mittlerweile leben wir jedoch gemeinsam in Hamburg. Dadurch hat sich natürlich noch mal einiges verändert. Aber auch in das gemeinsame und offene Leben in einer Stadt und einer Wohnung sind wir hineingewachsen. Vorher haben wir immer wieder darüber geredet, dass wir auch Schiss davor haben, wie das wohl klappen kann und wie wir damit umgehen, wenn es eben nicht klappt. Aber es funktioniert erstaunlich gut und ist überhaupt nicht komisch oder blöd. Ich glaube, weil wir beide dieses Modell gleichermaßen wollen und auch leben. Und wenn ich an dem einen Abend nichts vorhabe, Max aber unterwegs ist, dann sitze ich nicht zu Hause und grübele nach. Ich hab vielleicht selbst drei Tage später eine Verabredung und freue mich darauf. Oder auch nicht. Ich mache einfach mein Ding. Genauso wie sonst auch an jedem anderen Abend. Rufe Freunde an, gucke Serien, koche mir etwas Gutes zu essen. Weil es eben mittlerweile völlig normal ist.

Es war eine glückliche Fügung, dass wir zu Beginn unserer offenen Beziehung nicht in der gleichen Stadt gewohnt haben. So hatten wir in einer teilweise heiklen Anfangsphase gar nicht ständig vor Augen, was da wann genau passiert. Und jetzt, wo wir uns sehr damit angefreundet haben, stört es uns nicht mehr. Es bereichert uns. Die Regeln geben uns einen Rahmen, in dem wir uns miteinander sicher fühlen. Weil unser Vertrauen ineinander riesig ist. Und weil die Regeln uns nicht das Gefühl der Freiheit, die uns beiden so wichtig ist, nehmen – sondern ermöglichen.

HEISS-KALTES KLASSENTREFFEN

Es ist Weihnachten, und ich bin in meiner alten Heimatstadt, um meine Familie und Freunde zu sehen. Max verbringt die Feiertage zum Teil bei seiner Schwester in Süddeutschland, und ich habe seine Erlaubnis, die wahrscheinlich sehr spannende Begegnung mit diesem einen Mann aus der Vergangenheit ausleben zu dürfen. Denn nur einmal im Jahr sehen Tim und ich uns, beim Ehemaligentreffen. Auch dieses Jahr wieder: die gleiche dunkle Kneipe mit den großen Stehtischen aus Holz, dem Kicker, der schon immer schief stand, und derselben Musik, die aus den schlechten Boxen dröhnt. Wenigstens ist es deutscher Old-School-Rap.

Meine Blicke wandern umher. Die meisten sind schon da, und es wird langsam eng. Es riecht nach Kippen und Raclettekäse. Tim ist noch nicht da. Na gut, dann eben doch noch ein bisschen lästiger Small Talk.

Es ist schon irgendwie seltsam. Das ganze Jahr über denke ich nicht an ihn, habe keine Ahnung davon, wie es ihm geht, was er macht, wen er fickt, wen er liebt. Manchmal weiß ich nicht mal, in welcher Stadt er gerade lebt. Und dennoch ist er einer der Menschen, die zu meiner Geschichte gehören. Zwei Jahre, bevor es Max gab, hatten wir immer mal wieder was miteinander. Heute würde man es eine klassische Affäre nennen. Damals, mit sechzehn, waren solche Arrangements aber irgendwie noch nicht in Ordnung. Es war keine Liebe, es war Anziehung. Und diese Anziehung hält sich bis heute …

Jedes Jahr ist es wieder ein bisschen anders. Wir werden älter. Das sieht man auch. Aber wir haben mit der Zeit aufgehört, Spielchen aus Unsicherheit heraus zu spielen. So wie wir es taten, als wir sechzehn waren. Kränken, um zu sehen, ob der andere einen auch mag.

Im Grunde wissen wir jetzt, dass wir uns mögen. Was wir sicher wissen, ist, dass wir uns begehren. Ich habe mich immer meinem Beziehungsstatus entsprechend verhalten. Tim war das oft egal. Er hätte wahrscheinlich jedes Jahr mit mir geschlafen. Denn er mag das »Verbotene« an mir. Und somit steigen meine Erwartungen an diesen einen Abend im Jahr schon ein paar Tage vorher an. Jede Pore freut sich auf dieses heimliche kurze, aber heftige Wiedersehen. Mein Körper weiß, worauf er sich freuen kann. Jährlich grüßt der Langzeitlover. Oder so.

Während meine alte Klassenkameradin darüber monologisiert, wann der richtige Zeitpunkt ist, nach der Elternzeit wieder in den Beruf einzusteigen, kommt Tim endlich zur Tür herein. Tim und seine Jungs. Jetzt höre ich ihr noch weniger zu.

Jedes Jahr trifft sich die alte Jungsclique vorher im Haus von Tims Eltern. Ich kenne nur den hinteren Teil dieses Hauses, sein Reich, weil ich immer heimlich kam und heimlich wieder ging. Damals hatte man, wie gesagt, keine Affären. Man hatte Beziehungen. Und wir hatten keine.

Tim und die anderen bewegen sich durch den Raum, hier ein Handschlag, da eine Umarmung, sie lachen. Und dann steht er vor mir. »Hi, na?«, sagt Tim und grinst mich vielsagend an. Wir umarmen uns. Etwas zu eng, den einen Moment zu lang. Da ist er wieder, sein Geruch. Für einen Moment bin ich wieder sechzehn. Wir lösen uns voneinander und schauen uns an. Wir sind definitiv nicht mehr sechzehn. Aber ich erkenne den Jungen hinter den kleinen Lachfalten um seine Augen. Schön ist er. Lange kann ich Tim jedoch nicht angucken. Auch das war schon immer so. Wir konnten uns nie lange in die Augen sehen. Vielleicht, weil wir uns dann zu sehr gesehen hätten.

Wir fangen an zu trinken. Alle ehemals coolen Leute aus der Raucherecke der Schule verteilen sich jetzt dicht gedrängt um die Stehtische, feiern sich selbst und erzählen laut aus ihrem letzten Jahr. Von den fancy Fernreisen, den gekauften Häusern und den ersten Gehversuchen der Kinder. Der Vorteil am Älterwerden ist, dass man sich jetzt Schnapsrunden für alle leisten kann, und so wird die Stimmung immer ausgelassener.

Tim steht neben mir im Gedränge an einem dieser Stehtische. Ganz dicht. Es scheint niemandem aufzufallen, wie dicht. Wir reden über den Tisch hinweg mit anderen Menschen. Tim mit einem seiner alten Kumpel über eine amerikanische Irgendwas-Liga. Herrje. Ich mit irgendjemandem über etwas sehr Witziges. Die Stellen, an denen sich unsere Körper berühren, genießen jedoch meine eigentliche Aufmerksamkeit. Dort fühle ich besonders hin. Sie glühen förmlich. Dort entstehen kleine Bewegungen, mit denen wir uns enger aneinanderdrücken und die nur wir spüren. Das Vorspiel hat begonnen.

Meine Hand tastet sich langsam unter dem Tisch zu seinem Oberschenkel. Ich merke sofort, wie Tim sich anspannt. Damit hat er scheinbar nicht gerechnet. Umso besser. Ich lasse meine Hand weiterwandern und muss schmunzeln, als ich seinen harten Schwanz durch die Hose spüre. Noch besser. Tim will es also genauso wie ich.

So gut es geht, umfasse ich seinen Penis und übe langsam immer mehr Druck aus. Ich merke, wie Tim dabei tief einatmet. Wie lange wird er dem Gespräch wohl noch folgen können?

Dann spüre ich seine Hand auf meiner. Tim nimmt sie und

zeigt mir, wie fest ich ihn anfassen soll. Sehr fest. Er schaut mir dabei kurz und direkt in die Augen. Schließt seine Lider ein kleines bisschen länger. Er genießt das.

Seine Hand löst sich von meiner und streicht noch ein paar Zentimeter meinen Arm hoch. Dann schiebt er sie vorsichtig unter mein kurzes Kleid und auf der Strumpfhose entlang zwischen meine Beine. Gut, dass es so voll und das Gedränge groß ist. Die Wahrscheinlichkeit, dass das alles jemand mitbekommt, der es nicht mitbekommen soll, steigt eh schon mit jeder weiteren Berührung. Lang darf das hier drin nicht mehr weitergehen. Seine Finger kommen an meiner sensibelsten Stelle zum Erliegen. Kleine, feine Bewegungen, ein bisschen Druck, sanftes Streicheln. Quälend schön. Das warme Kribbeln, das vorher ziellos durch meinen Körper strömte, konzentriert sich nun auf diese eine Stelle. Fließt dort zusammen. Auch ich atme jetzt tief ein.

Wir atmen, er streichelt, ich massiere. Wir unterhalten uns weiter mit den anderen und gucken uns immer wieder kurz, aber tief in die Augen. Ich kann sein Verlangen sehen. Und er meins. Minutenlang geht dieses Spiel. Wir lachen mit dem Rest und ficken in unseren Köpfen. Ich merke, wie feucht ich bin. Unsere stille Lust erregt mich. Lange halte ich das nicht mehr aus. Ich will ihn. Seine Lippen auf meinen, seinen Körper auf mir, seinen Schwanz in mir. Jetzt.

Abrupt dreht Tim sich zu mir und flüstert. »Ich geh raus. Komm in fünf Minuten nach.« Und weg ist er.

Ich sehe Tim auf der anderen Straßenseite stehen. Es ist ein Winter, der kein Winter ist, aber ein bisschen kalt ist mir trotzdem. Er führt mich wortlos in eine der kleinen Nebenstraßen. Dann schließt er ein Auto auf. »Es ist das Auto von Michis Vater«, sagt er, als ich ihn fragend angucke. Michis

Vater ist Chefarzt und das Auto dementsprechend groß und protzig.

Sex im Auto. Schon ein paar Mal erlebt und definitiv nicht meine erste Wahl. Aber was soll's. Mit ihm kann es nur gut werden.

Wir klettern kichernd auf die Rückbank. Der Wagen ist zwar groß, den Kopf stoße ich mir aber trotzdem, als ich meinen Mantel ausziehe.

Wir sitzen zueinander gewandt nebeneinander, halten kurz inne, lächeln uns an. Den ersten Kuss für dieses Jahr wollen wir beide langsam genießen. Und so nähern wir uns Zentimeter für Zentimeter, bis sich unsere Lippen endlich treffen. Weich und gleichzeitig fest sind seine. Ein bisschen rau. Genau richtig. Stimmt, so schmeckt er ja, ist mein erster Gedanke, nachdem sich unsere Zungen vorsichtig suchen und ihr Spiel beginnen. Sie locken einander, tanzen die ersten Schritte und gewinnen wieder an Vertrautheit. Erinnerungen an die letzten Jahre werden wach. Wir werden jeden Schritt, jede Berührung zelebrieren. So tun wir es immer, obwohl die Orte, an denen wir es tun, das erst mal nicht wirklich hergeben.

Tims Hand wandert langsam von meinem Oberschenkel hoch Richtung Taille. Überall Strumpfhose. Na toll. Warum hab ich diesmal eigentlich keine Strapse angezogen? Die wären jetzt wesentlich praktischer. Und heißer. Egal. Und in ein paar Minuten wird es mir noch egaler sein. Ich kenne mich. Mich und meine Lust. Tim schiebt seine Hand weiter unter mein Kleid und das Trägertop, das ich drunter trage. Ich trage keinen BH. Wenigstens das. Als er mit seiner Hand an meinem Schulterblatt ankommt, versteht Tim und stöhnt ganz leise auf. Ich sehne den Moment herbei, an dem er sie endlich nach vorne gleiten lässt. Er streicht zuerst mit der flachen

Hand über meine linke Brust und umfasst sie. Dann reibt er meinen Nippel zwischen Daumen und Zeigefinger. Kleine Lustwellen wandern direkt zwischen meine Beine. Sie verstärken sich, je ausgiebiger Tims Spiel mit meinen Brüsten wird. Ich liebe das. Es gibt Männer, die unterschätzen die Brüste als erogene Zone der Frau. Tim Gott sei Dank nicht.

Ich ziehe mir umständlich das Kleid über den Kopf. Ich sage ja, Autosex ist nicht meine erste Wahl. Tim schiebt langsam mein Top runter. Den einen Träger, den anderen, streift es ab bis runter zu meiner Taille. Er betrachtet mich. Meine Brüste, mein Dekolleté, meinen Hals, mein Gesicht. »Du bist immer noch so schön«, sagt er und küsst mich. Das war ja fast schon romantisch. Passt gar nicht zu Tim. Dann beginnt er, meine Nippel mit der Zunge zu necken, sanft an ihnen zu saugen. Ich schließe die Augen, gebe mich hin. Stöhne leise, vergrabe meine Hände in seinen Haaren. Was macht er mit mir? Ich bin jetzt schon völlig willenlos. Gerade, weil Tim mich bisher kaum angefasst hat.

Dafür tastet sich meine Hand nun ungeschickt an seine Hose heran und versucht, sie zu öffnen. Das, was für den Mann der BH-Verschluss ist, ist für mich definitiv der Gürtel und der Reißverschluss bzw. die Knöpfe an der Hose. Eine Stolperfalle. Ich muss schmunzeln, als er mir hilft und seine Hose und Boxershorts weit genug runterzieht. Auch dieses Wiedersehen ist ein schönes. Ich weiß, wie Tim gerne angefasst wird, also halte ich mich nicht lange mit Spielereien auf, sondern packe seinen Schwanz fest in meine Hand und bewege sie langsam auf und ab, variiere den Druck an der Eichel. Spätestens jetzt hab ich ihn. Sein schneller Atem zeigt es mir. Seine Blicke ebenso, als er von meinen Brüsten ablässt und seine Hand unter meine Strumpfhose, direkt in mein Höschen gleiten lässt. Obwohl Tim jetzt schon zu allem bereit wäre, reißt er sich zusammen und beginnt langsam, genau die Stelle zu umkreisen, an der ich mich auch berühre, wenn ich es mir selbst mache. Jetzt hat er mich auch. Wir schauen uns an. Berühren uns gegenseitig. Machen uns geil. Wir wissen genau, wie es geht. »Ich will dich«, stöhne ich.

Wir lassen voneinander ab. Ziehen uns aus. Ich zuerst meine Stiefel. Das geht noch leicht. Das Gurtschloss auf dem Sitz erwischt mich jedoch schmerzhaft an meinem Hintern, als ich umherrutsche, um meine Strumpfhose auszuziehen. Es gibt Orte, an denen das besser funktioniert. Und irgendwie auch heißer aussieht. Aber ich bin so geil auf Tim, dass ich einfach nur will, dass es schnell geht. Ich bin gierig und ungeduldig. Er ist jetzt auch halbwegs nackt. Und er hat daran gedacht, das Gummi vorher aus der Hose zu holen. Perfekt.

Tim rutscht auf den mittleren Sitz. Zieht das Gummi drüber. Mit geducktem Kopf klettere ich auf seinen Schoß. Wir müssen grinsen. Nächstes Jahr denken wir uns was Besseres aus. Vielleicht sind seine Eltern dann ja mal wieder über Weihnachten verreist.

Ich hocke mich auf ihn. Die Füße rechts und links neben Tim auf dem Rücksitz. Langsam dringt er in mich ein. So wie ich es liebe. Ich schau ihm dabei in die Augen. Dieser Moment ist für mich einer der erregendsten beim Sex. Das erste Eindringen und die Blicke dabei. Ich stöhne auf. Er mag es, meine Lust zu hören. Ich kann eh nicht still sein, wenn mich anmacht, was mich anmacht.

Ich bewege mich erst langsam auf und ab. Das halte ich nicht lange aus. Es fühlt sich einfach zu gut an. Ich werde schneller und schneller. Dass ich seinen Schwanz so weit nach oben und unten entlanggleiten kann, ist besonders geil an dieser Position. Tim hat meinen Po fest in der Hand, führt mich. Ich halte mich mit der einen Hand an ihm, mit der anderen an der Kopfstütze fest. Meine Stirn liegt auf der Rückenlehne auf, gleich neben seinem Kopf. Ich rieche sein frisch gewaschenes Haar, verkrieche mich darin. »Gott, ist das geil«, stöhnt Tim und zieht mich fester an sich, sodass ich ihn ganz tief in mir spüre. Wir halten inne, ich lasse mein Becken langsam kreisen. Versuche, meine Lustwellen wieder zwischen meinen Beinen zusammenlaufen zu lassen. Erst mal wieder runterkommen. »Leg dich hin«, sagt er und drückt mich langsam von sich runter. Ist das sein Ernst? Wie soll das denn gehen? Aber es geht. Das linke Bein ziehe ich an, der rechte Fuß ist an die Kopfstütze des Fahrersitzes angelehnt. Ich will, dass es weitergeht, Tim wieder in mir spüren und ziehe ihn auf mich. »Langsam«, sagt er und dringt wieder in mich ein, küsst mich, meine Brüste.

Früher, als wir sechzehn waren, kannte er kein Langsam. Dafür hatte er wahrscheinlich zu viele Pornos guckt und dachte zu wissen, wie es funktioniert. Das ist jetzt anders. Ich mag beides. Und ich mag das Hier und Jetzt. Ich fasse mich selbst an. Spüre Tim in mir und meine kreisenden Bewegungen dort, wo sie mich am besten zum Höhepunkt bringen. Ich genieße jede unserer gemeinsamen Bewegungen. Langsam werden wir schneller. Wahnsinn ist das. Meine Lust zentriert sich immer mehr und ist gleichzeitig überall. Wir schauen uns an. Auch Tim ist schon lange in Ekstase geraten. Die Köpfe sind aus. Jetzt gibt es nur noch unsere Körper, die sich ineinander bewegen. Sich wollen. Das eine wollen.

Seine Stöße werden immer tiefer und heftiger. Meine Kreise schneller, der Druck stärker, mein Stöhnen lauter. Scheiß drauf, wenn uns jemand hört. Ich kann jetzt nicht mehr warten. Es nicht mehr festhalten. Tims Atem verrät mir, dass er es auch nicht mehr lange kann. Also lasse ich los. Und Tim mit mir. Ich komme so heftig, dass mein Aufschrei sofort wieder verstummt. So sehr überrollt mich die Orgasmuswelle. Rauschen, reines Rauschen.

Ich stehe unter der heißen Dusche und verabschiede mich gedanklich von dieser aufregenden Nacht. Auch das ist ein Ritual nach dem Sex mit anderen Männern. Und gleich kuschle ich mich in Max' altes Bett im Haus seiner Eltern und freue mich, ihn morgen früh endlich wiederzusehen. Und das für zwei Wochen, nicht nur fürs Wochenende. Wieder zusammen einschlafen. Zusammen aufwachen. Neben Max, meinem Zuhause.

MILLIMETERARBEIT

Berlin-Wedding, ein unerwartet heißer Frühling. 2:30 Uhr. Ich liege auf meinem Bett. Stille. Was macht er da? Oh! Okay. Ähm. Was? Aha. Na gut. Challenge accepted.

Im letzten Herbst bin ich nach Berlin gezogen und noch immer vollkommen fasziniert von der Stadt, von meinem neuen Leben und all den Möglichkeiten. Ich wohne zusammen mit drei anderen jungen Frauen in einer Wohngemeinschaft im Wedding. Hier darf ich ein Dreißig-Quadratmeter-Zimmer mein Eigen nennen, bis Pia, die dort eigentlich lebt, aus Neuseeland wiederkommt. Es ist voll möbliert, mit Himmelbett, Ankleideecke, Piano und Schminkkommode. Puh. So richtig hardcore mädchenmäßig. Und quasi eine Einzimmerwohnung in einer Wohnung. Großartig! Und so günstig.

Nicht mehr ganz so günstig, aber dafür mitten in Friedrichshain und damit gleich neben meinem Arbeitsplatz, liegt meine neue kleine Wohnung, in die ich in zwei Wochen ziehen werde. Dann hab ich meine eigenen vier Wände, ganz für mich alleine. Die Ruhe nach einem vollen Arbeitstag, an dem ich ständig auf Sendung sein muss, kann ich gut gebrauchen. Ein bisschen werden mir die Mädels aber sicher fehlen, denn die drei sind mehr als nur okay. Manchmal kann es natürlich anstrengend sein, mit mehreren Frauen auf einem Haufen zusammenzuleben, aber im Großen und Ganzen habe ich wirklich eine gute Zeit mit ihnen.

An diesem Samstagabend machen wir WG-Mädels uns auf den Weg nach Friedrichshain, um zu tanzen. Mein bester Berlinfreund Rick organisiert neuerdings Open-Air-Hip-Hop-

Raves unter der Warschauer Brücke. »Rough Rap Rave« nennt sich das Ganze. Als Gegenveranstaltung zu all den illegalen Elektro-Raves, die seit Anfang des Jahres aus den Löchern schießen. Wir Rapmusik liebenden Menschen danken es ihm, indem wir uns zahlreich versammeln und die Musik, die Hitze und das Leben feiern. Was für Nächte das bisher immer waren! Pfeffi, Freiheit, Liebe, Berlin! Hallo Welt, wir kommen!

Und dort, an diesem Samstag unter der Warschauer Brücke, lerne ich Jan kennen. Jan, den schönen Bubimann. Durchtrainierte und muskelbepackte Riesen kommen bei mir meist nicht weit. Ich weiß gar nicht so genau, warum. Denn eigentlich stelle ich es mir ganz schön vor, von einem großen, bärigen, bärtigen und starken Mann in die Arme genommen und auf Händen getragen zu werden. Aber irgendwie ... nee, ich bekomme bei dem Gedanken schon Nackenstarre. Vielleicht liegt es daran. Bei so großen Männern muss ich mich immer so recken. Auf die Zehenspitzen hochgehen geht ja noch, aber beim Knutschen den Kopf ganz nach hinten in den Nacken legen zu müssen? So bis zum Anschlag? Lieber nicht. Ich mag Männer, die etwas größer sind als ich, ja, aber nicht zu groß. Und Männer mit weichen Gesichtern und schönen Händen. Ungefährlich. Für mich und den Nacken.

Und so bin ich sofort verzückt, als mir Rick einen alten Bekannten vorstellt, der genau in mein Beuteschema passt. Etwas größer als ich (Check), aber nicht zu groß (Doppelcheck), weiche Gesichtszüge (Yes!), entspannt gekleidet (sehr gut) und ein unschlagbar süßes Lächeln (Hi!). Schöne Hände hat er auch noch, was will ich also mehr? Wir verstehen uns sofort und finden neben dem ganzen Partyrummel tatsächlich die Ruhe, uns auch noch gut zu unterhalten. Rumschäkern inklusive. Tanzen kann der Mann auch noch, wie ich einige Zeit später herausfinde. Alles wunderbar also. Noch etwas wunderbarer wird es dann, als wir in der Masse tanzend anfangen, erst zaghaft und dann immer wilder zu knutschen. Ach, kann das schön sein! Leute, geht bitte alle im nächsten Sommer raus in die warme Nacht und knutscht, was eure Lippen hergeben. Kann es etwas Schöneres geben? Ja, vielleicht.

»Kommst du mit zu mir?«, frage ich deshalb irgendwann in unseren Knutschtanzrausch hinein. Zwei Minuten später schlendern wir Arm in Arm Richtung Tram. Das ist das Nervige an Großstädten wie Berlin. Wenn man Pech hat, muss man noch ewig Bahn fahren. Und diese Fahrten können, wenn sie zu lange dauern, echt die Stimmung killen. Jan und ich haben Glück. Nach einer Stunde Knutschfahrt kommen wir endlich bei mir zu Hause an und haben immer noch Bock aufeinander. Also verziehen wir uns schnell und leise in mein Schlosszimmer.

Jan ist so süß. Und so nett. Und ein wenig schüchtern. Ich bin ein bisschen aufgeregt, aber gleichzeitig total gespannt darauf, was gleich passieren wird. Es ist fast dunkel in meinem Zimmer und still. Musik hab ich irgendwie vergessen aufzulegen. Nachdem wir unsere Jacken und Schuhe ausgezogen haben, setzen wir uns auf mein Bett, das mitten im Zimmer steht. Wir fangen wieder an zu knutschen, und es folgen schüchternes und leises Rummachen mit gegenseitigem Ausziehen. Nur Unterhosen haben wir jetzt noch an. Es ging alles relativ schnell und war leider auch etwas unspektakulär, weil zu nervös. Ja, Jan ist nervös. Sehr nervös. Und seine Nervosität lenkt mich irgendwie ab. Dabei waren wir vorhin beim Knutschen noch so gut dabei. Jetzt ist mein Kopf an. Nichts mit wild umherrollen und großer Leidenschaft. Es fühlt sich eher an, als wären wir zwei Teenager, die das erste

Mal Petting machen. Schade. Na ja, das wird sicher noch besser, denke ich so bei mir. Dann deutet Jan mir, mich auf den Rücken legen, und zieht mir mit seinen zitternden Händen den Slip aus. Ich denke, yeah, jetzt passiert endlich was! Ich hab Lust auf Sex, los geht's! Voller Erwartung verfolge ich ihn mit meinen Blicken. Er legt sich auf den Bauch und bringt sich in eine für ihn bequeme Position, um mich lecken zu können. Und bequem soll es ja schließlich sein. Für beide.

Und nun liegen wir da, haben es bequem, und ich warte gebannt darauf, dass er mich mit seiner Zunge verwöhnt, mich erkundet, jeden Zentimeter zwischen meinen Beinen liebkost und mich erst langsam und dann immer schneller zum Höhepunkt bringt. Manchmal ist nichts heißer als ein Mann, der es liebt, dich zu lecken, und der ganz genau weiß, wie er dich um den Verstand bringen kann. Nämlich damit, sich langsam heranzutasten. Hinzuhören, auf welche Berührung du besonders reagierst. Zu merken, dass wenn du ihm dein Becken entziehst, es dir sehr wahrscheinlich zu viel Druck oder Geschwindigkeit ist. Und dass, wenn du ihm deine Vulva entgegenstreckst, du mehr willst. Mehr von seiner Zunge, mehr Druck und vielleicht auch ein schnelleres Tempo. Der weiß, dass deine Klitoris eines deiner wichtigsten Lustzentren ist und sich nicht irgendwo am Scheideneingang befindet. Sondern die kleine Knospe ist, die sich einige wichtige Zentimeter weiter oben versteckt. Und er weiß auch, dass es meist keine gute Idee ist, sie mit den Fingern komplett freizulegen, weil dann jede Berührung viel zu direkt und heftig ist. Vor allem am Anfang, wenn du gerade erst anfängst, dich zu orientieren, ihr anfangt, beieinander anzukommen. Ein Mann, der weiß, wie man eine Frau mit der Zunge befriedigen kann, lockt ihre Klitoris erst vorsichtig und dann immer frecher. Kitzelt sie und lässt sie, um sie ein wenig zu ärgern, auch mal links liegen und erkundet in Seelenruhe den Rest, den es da noch so zu entdecken gibt. Wenn er sich gut zurechtgefunden hat, wird er gerne auch bestimmter und forscher. Er übertreibt aber nicht. Hört auf ihre Körpersprache. Auf ihr Becken. Entziehen heißt meist »zu doll«, entgegenstrecken »bitte mehr!«, ruft er sich in Erinnerung. Er probiert vielleicht auch aus, ob sie es mag, wenn er zu seinen Zungenliebkosungen an ihrer Klitoris auch seine Hände mit zum Einsatz bringt. Lässt seine Hände die Vulva fragen. Sie werden schon zusammenfinden, wenn beide es wollen. Und wenn ja, wird er sich wahrscheinlich langsam steigern. Erst einen, dann vielleicht einen zweiten Finger langsam in sie hineingleiten lassen. Und sich nicht stümperhaft bewegen, sondern sie von innen zärtlich locken, als würde er sie heranwinken. Zumindest wird ein Mann, der weiß, wie man eine Frau leckt, erst einmal all diese Dinge versuchen und dann immer mehr herausfinden, was sie gerne mag. Ob sehr zart oder vielleicht auch ganz wild und heftig. Er würde es erfahren. Vorausgesetzt natürlich, dass sie auch bereit und mutig genug ist, ihm genau das zu zeigen oder im Zweifel auch zu sagen.

Ach ja, mit der Zunge verwöhnt zu werden, kann so schön sein. Ich bin gespannt. Jan aufgeregt. Wir liegen beide da. Bereit. Bequem. In der Dunkelheit des Zimmers. Alles ist still. Merkwürdig still. Da rührt sich was. Jan bewegt sich. Er ist nun tatsächlich mit seinem Kopf auf Höhe meiner Vulva. Okay, dann mal los, denke ich. Wir haben Lust, was kann uns halten? Aber irgendetwas lässt ihn zögern. Stille. Doch, ja, ich glaube, es tut sich wieder etwas. Ich spüre, wie er mir und meiner Klitoris langsam immer näher kommt. Denn ich kann seinen Atem auf meiner Haut fühlen. Und dann. Seine Zunge. Nein, es ist nur seine Zungenspitze. Genauer, seine spitze Zungenspitze. Sie setzt auf. Ist gelandet. Auf meiner Klitoris.

Glaube ich zumindest. Viel spüre ich nicht. Warte, ich fühle noch mal hin. Doch, ja, ich bin sicher. Es ist seine spitz geformte Zungenspitze auf meiner Klitoris. Okay, denke ich wieder, dann mal los. Und ja, sie bewegt sich. Aber was macht er da? Oh! Okay. Ähm. Was? Aha. Na gut. Challenge accepted. Vielleicht. Denn ja, besagte Zungenspitze bewegt sich. Etwas. In jede Himmelsrichtung. Jeweils einen Millimeter. Waaas? Nur einen Millimeter?! Das verstehe ich nicht. Wieso? Was ist los? Was, denkt er, würde passieren, wenn sich seine Zunge nur etwas großflächiger bewegen würde? Dass ich vor Ekstase in Ohnmacht falle? Hey Jan, ich nehme es in Kauf! Lass uns ein Leben am Limit führen. Ich bin dabei! No risk, no come!

Nichts dergleichen passiert. Ich beschließe, mich zu beruhigen und kurz abzuwarten. Es wird schon mal nicht weniger, was er da mit seiner Zunge macht. Weil es nicht möglich ist. Aber es wird auch nicht mehr! Es ist ein Quadratmillimeter, mit dem ich nun tatsächlich arbeiten muss. Hilfe. Was soll ich tun? Ich trau mich nicht so richtig, etwas zu sagen. Die ganze Situation ist irgendwie so absurd. Es ist dunkel, er macht diesen Move mit seiner Zunge, und nur diesen, und es ist still. Man könnte eine Stecknadel fallen hören. Kein Witz. Es ist schrecklich still, und dazu macht dieser süße Jan eine Quadratmillimeterbewegung mit seiner Zungenspitze, die mich zum Höhepunkt bringen soll. Tut sie aber nicht. Bisher jedenfalls nicht. Und ich bin immer noch so perplex, dass ich keine Ahnung habe, wie ich damit umgehen soll. Wenn ich jetzt etwas sage, dann ist der Ofen, glaube ich, komplett aus. Jan ist, seitdem wir bei mir angekommen sind, so unsicher, dass ich die Befürchtung habe, ihn damit richtig zu beschämen. Und ich habe keine Ahnung, ob und wie ich das wieder auffangen soll. Ich habe die Wahl: Ihm zu sagen, was ich besser finden würde – was ich mich nicht traue. Die Situation ganz abzubrechen – worauf ich auch nicht so richtig Bock habe. Oder ich gebe diesem Quadratmillimeter eine Chance. Ja, ich könnte einfach versuchen zu kommen, und dann hätten wir beide irgendwie gewonnen. Glaube ich zumindest.

Schaffe ich das? Ja, ich schaffe das. Wir schaffen das. Ich konzentriere mich. Mich und alle meine sexuellen und lustvollen Gefühle, die ich in meinem Körper irgendwie zusammenkratzen kann. Und ich sende sie an diesen winzig kleinen Punkt meines Körpers, der gerade stimuliert wird. Ich versuche, mit meinen Gedanken aus dieser eigentlich merkwürdigen Situation doch eine irgendwie erotische zu machen. Stelle mir vor, wie ich tatsächlich immer mehr Lust bekomme, wie der Orgasmus sich wohl anfühlen wird, wenn er nur an diesem kleinen Punkt ausgelöst wird. Wie auch Jan immer mehr Lust bekommt, weil er merkt, was bei mir passiert. Jan bleibt bei seiner minimalistischen Bewegung, aber ich fange ganz langsam an, mich unter ihr zu bewegen und sie für mich irgendwie abwechslungsreich zu gestalten. Es funktioniert. Langsam. Sehr langsam. Mein Kopf schaltet sich aus. Es hat gedauert und sich irgendwie nach Arbeit angefühlt, aber nun ist er aus, und ich lasse mich fallen. Bündle all meine angestaute Erregung der letzten Stunden und lasse sie von Jans Zungenspitze zu einem Orgasmus verwandeln, der mich umhaut. Puh!

Als ich kurze Zeit später wieder zu mir komme, merke ich, dass ich scheinbar auch Jan mit meinem Orgasmus umgehauen habe, denn der muss es irgendwie im Liegen geschafft haben, auch zu kommen. Vielleicht hat er sich währenddessen an der Matratze gerieben? Ich weiß es nicht, aber er wischt sich, verschämt wirkend, an seinen feuchten Boxershorts herum.

Normalerweise fühle ich mich, nachdem ich gekommen bin, rundum wohl und wunderbar. Jetzt irgendwie nicht. Weil es weit von einer leichten sexuellen Verbindung entfernt war. Die gab es nicht. Das, was Jan und seine Zunge gemacht haben, war zwar nicht schmerzhaft oder in irgendeiner Weise für mich nicht okay. Aber es war einfach nicht gut. Es war ein Orgasmus. Aber mehr auch nicht. Und das ist es nicht, was ich will. Und scheinbar auch nicht, was Jan will. Denn irgendwie befangen und alles andere als entspannt verabschieden wir uns voneinander. Wahrscheinlich werden wir uns nie wiedersehen. Vielleicht, weil wir wissen, dass wir zwar beide rein körperlich befriedigt aus der Situation gegangen sind, aber auch noch wirklich viel zu lernen haben. Darüber, sich gegenseitig zu zeigen, was man selbst beim Sex mag und was nicht. Ob durch Körpersprache, Stöhnen oder Worte. Und darüber, sich mit sich selbst sicher zu fühlen.

Berlin, Wedding, ein unerwartet heißer Frühling, 3:20 Uhr. Ich liege auf meinem Bett. Um eine wichtige Erfahrung reicher.

MÄDELSABEND

»Max und ich führen eine offene Beziehung.«
»Was? Was soll das denn? Ist das dein Ernst?«
»Ja, natürlich ist das mein Ernst. Warum sollte ich das nicht ernst meinen?«
»Weil es bescheuert ist, vielleicht?!«
»Ähm ...«
»Läuft es bei euch plötzlich kacke, oder woher kommt diese Idee? Trennt euch doch einfach wieder, wenn ihr so dringend mit anderen ins Bett springen wollt!«

Ich habe ja damit gerechnet, dass meine Neuigkeiten keine großen Jubelstürme auslösen, als ich mich dieses Jahr auf den Weg zu unserem alljährlichen Mädelswochenende nach Timmendorf an der Ostsee gemacht habe. Aber dass gleich so viel Gegenwind kommt? Wow.

Ich freue mich immer sehr, meine zwei alten Schulfreundinnen Fiona und Kati wiederzusehen. Jedes Jahr, seitdem wir das Abi in der Tasche haben, treffen wir uns kurz nach Ostern für ein Wochenende in der Bonzenferienwohnung von Fionas Eltern. Dort trinken wir dann Unmengen Sekt, gönnen uns das geilste und gleichzeitig fieseste Essen der Welt (Eis, Chips, Schokolade, Torte, einmal die No-Go-Liste rauf und runter) und reden und reden und reden. Über das Studium, die Arbeit, unsere Familien, das Leben, die Liebe. Und klar, auch viel über Jungs und darüber, wie toll oder bescheuert sie sind. Ich bin danach immer völlig fertig und überkommuniziert und kann erst einmal niemanden oder nur Max sehen. Oder meine Jungsfreunde, die sind manchmal so schön einsilbig. So viel geballten Mädchenkram auf einmal kann ich nämlich nicht lange aushalten. Aber so ab und an ist es genau das Richtige, und dann feiere ich das von Herzen.

Fiona, Kati und ich sind drei sehr unterschiedliche Frauen und schon ewig befreundet. Wir sind wie Schwestern. Das heißt neben bedingungslosen Liebesbekundungen auch, dass wir kein Blatt vor den Mund nehmen oder, wie in diesem Fall, auch mal unkontrolliert losbollern. Bei den meisten anderen Menschen hätte ich nach so einer kratzbürstigen Reaktion wahrscheinlich einfach das Gespräch beendet. Bei meinen Mädels weiß ich aber genau, dass wir in drei Minuten ganz normal über Max und meine neue Beziehungsform sprechen werden. Ich verkneife mir also meine ähnlich kratzbürstige Antwort und warte ab, was passiert.

Unsere Treffen sind mit der Zeit eine sehr wichtige Tradition geworden, um uns nicht aus den Augen zu verlieren. Denn über die Jahre haben wir alle immer wieder in verschiedenen Städten gewohnt. Fiona ist mittlerweile Anwältin in München und wird wahrscheinlich irgendwann die Kanzlei ihres Vaters übernehmen. Sie erinnert in Art, Aussehen und Lebenseinstellung ein wenig an Charlotte York aus »Sex and the City«. Als die Sendung damals lief, haben wir sie immer damit aufgezogen, dass sie genauso brav und konservativ sei wie Charlotte. Zu ihrem Ärger. Obwohl sie es im Geheimen, glaube ich, doch immer recht schmeichelhaft fand. Außerdem kann sie auch ganz anders. Sie ist eine sehr starke Frau mit einem ausgeprägten Gerechtigkeitssinn und lässt sich vor allem im Job nie die Butter vom Brot nehmen.

Und dann ist da Kati, eine großartige Künstlerseele. Eher etwas stiller, aber niemals um einen klugen Witz oder ein liebevolles Wort verlegen. Sie macht immer ihr eigenes Ding, ist sehr charakterstark und versinkt gerne in Gedanken über die Probleme und Lösungen dieser Welt. Im Vergleich zu Fiona ist sie viel weniger impulsiv, was sehr angenehm sein kann. Sie bollert nicht los, sie überlegt, wägt die Dinge oft erst sorgfältig ab. Mit ihrem Kunststudium, für das sie nach einer langen Australienreise wieder in unsere Heimatstadt gezogen ist, lässt sie sich Zeit und probiert sich aus. Generell habe ich bei ihr oft das Gefühl, dass sie schon von klein auf eine innere Ruhe und Gelassenheit in sich trägt. Beides Dinge, für die ich sie regelmäßig bewundere.

Und dann bin da noch ich. Eine wilde Rampensau, die manchmal lieber laut statt unsicher ist und sich unter vier Augen gern in leisen Tönen versucht. Eine Frau, die etwas Soziales studiert hat, aber eigentlich immer nur kreativ arbeiten wollte. Eine von den Zugezogenen, die nach Berlin kam, um Abenteuer zu erleben, und sich in der großen Stadt trotzdem manchmal etwas verloren fühlt.

Und nun sitzen wir drei Frauen hier, und die Stimmung ist kurzfristig im Keller. »Jetzt kommen wir alle mal wieder runter«, ergreift nun Kati vermittelnd das Wort. »Das sind auf jeden Fall unerwartete Neuigkeiten, so viel ist sicher. Aber per se doch keine schlechten. Kommt, wir trinken jetzt erst mal einen Sekt, und dann erzähl doch mal in Ruhe.« Schmunzelnd steht sie auf, geht zum Esstisch und gießt Sekt aus der schon geöffneten Flasche in drei langhalsige Gläser.

»Ich find's einfach nur richtig krass«, stellt Fiona noch mal für sich fest und seufzt. »Sorry, dass ich grad so doof reagiert hab. Ich will nur nicht, dass du dich da auf etwas einlässt, das dir am Ende wehtut. Wer hat das denn überhaupt vorgeschlagen? Max? Weil er nicht ohne dich kann, aber auch noch Bock auf andere hat? Hast du Angst, ihn zu verlieren, oder warum machst du das mit?«, fragt Fiona nach. »Ey, du bist so kacke, Fiona!«, sage ich und muss irgendwie lachen, obwohl ich genervt bin. »Du entschuldigst dich für deinen Ton und unterstellst mir im selben Atemzug, ich würde mich auf Dinge einlassen, die mir wehtun? Und dass Max mich zu irgendetwas drängt? Hallo?? Ich bin's, Anna, hi! Und es geht um DEN Max.« Kati grinst von mir zu Fiona und zurück. Sie kennt uns gut genug, um zu wissen, dass der dunkle Rauch nach der ersten Explosion schnell verfliegt. Für sie ist jetzt nur spannend, wer als Erstes die versöhnlichen Töne anstimmt.

Ich merke, wie ich innerlich noch von Fionas erster Reaktion genervt bin. Und wie ihr Schubladengedanke es noch schlimmer macht. Ich bemühe mich um eine einigermaßen sachliche Antwort, nehme aber lieber vorher noch einen großen Schluck Sekt aus dem Glas, das Kati mir gerade in die Hand drückt: »Also, erstens würde Max nie etwas tun, das mir wehtut. Zweitens würde ich nicht in einer Beziehung leben, die mich unglücklich macht. Und drittens liebe ich Sex.« Ich gucke in die Runde, sehe erst Fionas nachdenkliches Gesicht und bleibe dann an Katis Grinsemund hängen. Ich gucke sie fragend an. »Ach, ich dachte gerade, dass es eigentlich doch nicht so verwunderlich ist, dass Max und du eure eigenen Regeln erfindet«, meint sie. »Ich find's erst mal interessant und bin neugierig. Was heißt denn offene Beziehung bei euch genau? Ihr schlaft auch mit anderen? In meinem Kurs ist auch eine Frau, die eine offene Beziehung führt. Wobei? Nee, ich glaube, die hat eine Beziehung zu einem Typen und zu einer Frau.« »Nee, richtige Beziehungen haben wir nicht mit anderen«, fange ich an zu erklären, »nur Sex und eine schöne und spannende Zeit. Aber eben ohne Aussicht auf mehr.« »Meinst du, das kann man so sicher ausschließen?«, hakt Fiona nach. »Also, dass da mehr daraus wird? Hast du nicht manchmal Angst, dass einer der Beteiligten doch Gefühle für den anderen entwickeln könnte? Was machst du denn, wenn Max sich in eine andere verliebt?«

»Ich weiß, dass sich keiner von uns so sehr in einen anderen verliebt, dass daran unsere Beziehung zerbrechen würde«, erwidere ich. »Wir beide lieben uns einfach so sehr, dass dieses Level an Liebe nie mit irgendeiner Frau, mit der Max ab und an mal schläft, erreicht werden kann. Das mit uns geht ja schon ewig. Und es ist ewig gewachsen.«

»Ja, aber das meine ich ja. Die anderen findet er vielleicht viel spannender«, argumentiert Fiona und schüttet Chips in die Schale, die auf dem Couchtisch steht.

»Genau darum geht es ja. Wir beide haben Lust darauf, andere Menschen spannend zu finden und uns mit ihnen auszuprobieren«, antworte ich und greife zeitgleich mit Fiona in die Schüssel. »Wir haben vor ein paar Monaten genau darüber gesprochen: wie aufregend es ist, verknallt zu sein, und wie schön es wäre, das ab und an mal wieder zu erleben. Also verknallt zu sein. Das ist für uns wirklich etwas sehr Harmloses. Auch, weil wir die Erfahrung machen, dass wenn so viel erlaubt ist, der Reiz eher abnimmt. Und wenn uns dann mal jemand begegnet, den wir aufregend finden, ist das bisschen Verknalltsein richtig schön. Als wir im letzten Herbst angefangen haben, darüber zu sprechen, gab es noch keine Person, die gerade reell spannend war. Wir sind einfach darüber ins Gespräch gekommen und saßen dann ganz aufgeregt auf seinem Sofa, als wir gemerkt haben, dass wir so ehrlich sein können und dann auch noch ähnliche Ideen haben. Das hat uns einander richtig nahegebracht. Diese Ehrlichkeit. Ich meine, das ist schon irgendwie krass, mit dem eigenen Freund darüber zu sprechen, welchen Typen ich im Studium zum Beispiel total süß fand, aber ja nichts mit ihm anfangen durfte.«

»Boah, ich würde sterben, wenn mir Fritz erzählen würde, wen er alles heiß findet«, windet sich Fiona bei dem Gedanken mit gespieltem Ekel. Ich schiebe mir grinsend eine Handvoll Chips in den Mund. »Vor allem, weil es mir eigentlich nicht so geht«, führt sie weiter fort. »Ich will gar nicht mit jemand anderem ins Bett gehen. Ich liebe Fritz, und ich liebe auch den Sex, den wir haben. Ich finde es manchmal richtig nervig, dass mir immer wieder suggeriert wird, es sei komisch, dass Fritz im Prinzip mein erster, einziger und hoffentlich auch letzter Mann ist. Ich brauche die anderen Männer gar nicht. Für mich wäre das gar nichts.« »Mh, ich finde auch, dass es Schöneres gibt, als das zu hören«, meint Kati und streckt jetzt auch den Arm nach der begehrten Schüssel aus. »Aber es ist auch irgendwie cool, dass ihr da so drüber sprechen könnt. Und Fiona, ich kann das gut verstehen, dass dich dieses Infragestellen von anderen nervt. Die Menge an Sexpartnern sagt nun wirklich nichts darüber aus, ob man gut im Bett ist, ob man was verpasst hat oder nicht. Ich finde es bewundernswert, dass du nach so vielen Jahren noch so gerne mit Fritz schläfst. Das ist, glaube ich, nicht selbstverständlich. Schläfst du denn noch mit Max?«, will sie nun von mir wissen.

»Klar. Richtig gerne sogar«, antworte ich. »Ich habe aber eben auch Lust auf andere. Aber nicht weniger Lust auf Max. Ich liebe eben diese ganze Spannung, die zwischen zwei Menschen entsteht, die sich anziehend finden. Und das ganze Drumherum. Sich mit jemandem zu verabreden. Sich davor fertig zu machen, die Aufregung, den ersten Kuss mit jemand Neuem. Ich küsse Max so gerne, aber ich küsse Max, seitdem ich achtzehn war. Es ist schön, liebevoll, verspielt und heiß. Aber es ist nicht neu und deshalb aufregend. Max und ich wollen auf diese Spannung aber nicht verzichten, nur weil wir unser Leben miteinander verbringen. Einander nicht zu haben, ist aber noch viel weniger eine Option. Wir wollen uns einfach nicht entscheiden müssen. Also machen wir es jetzt so.«

»Und hast du schon mit einem anderen geschlafen? Und wie war das? Und hast du Max davon erzählt? Fragt ihr euch vorher, ob es okay ist, oder wie läuft das?«, sprudeln die Fragen nur so aus Fiona heraus. »Ja, ich hab schon mit anderen geschlafen, und seit Januar hab ich sogar eine Affäre«, erzähle ich nun etwas aufgeregt und kippe den Rest aus meinem Glas herunter. »So ein schöner Mann. Wirklich. Er heißt Ben, und ich hab ihn kennengelernt, als ich mit Rick auf einem Konzert war. Ben und ich haben uns schon den ganzen Abend angeguckt, aber keiner hat den anderen angesprochen. Als später alle getanzt haben und Rick etwas zu trinken holen wollte, sind wir aufeinander zugetanzt. Wir haben nur geguckt, nicht geredet, und dann haben wir uns einfach geküsst.«

»Was?«, kreischen die beiden gleichzeitig los. »Und was ist dann passiert?«, schiebt Fiona aufgeregt hinterher. »Wir haben geknutscht, und dann hab ich irgendwann gesagt, ich müsse zurück zu meinem Freund. Als ich dann bei Rick an der Bar ankam, fiel mir erst auf, wie missverständlich das eigentlich war. Rick ist ja nun das Gegenteil von meinem Boyfriend«, erzähle ich lachend. »Ich hab es dann später aufgeklärt, und Ben und ich haben Nummern getauscht und uns ein paar Tage später getroffen. Ein richtig tolles erstes Date, ein richtig toller Mann. Ich mag ihn echt gern. Und der Sex, Mädels. Wahnsinn. So heiß. Und wir sind total entspannt miteinander, niemandem muss irgendwas unangenehm sein. Das war von Anfang an so. Ich konnte mich wirklich fallen lassen, obwohl wir uns ja gar nicht vorher kannten.«

»Und Max weiß von Ben?«, fragt Kati nach. »Ja, klar«, bestätige ich. »Er hat sogar selbst auch gerade eine Affäre mit einer Frau. Wir erzählen uns von den anderen, aber nicht in allen Einzelheiten. Was bei uns so ungefähr abgeht, wissen wir natürlich schon. Ich muss also nicht vorher fragen, ob ich mich mit Ben treffen kann oder generell, wenn ich mit jemandem ins Bett gehen will. Ausgeschlossen sind natürlich Freunde oder Arbeitskollegen und so. Die sind tabu. Es gibt manchmal Grenzfälle, die besprechen wir immer vorher, und natürlich haben wir beide ein Vetorecht.« Ich stehe auf und hole die Sektflasche vom Esstisch, als mir das Klassentreffen letztes Weihnachten mit meinem kleinen, heimlichen Abenteuer wieder einfällt. Da hatte mir Max ja eine Art Ausnahme erlaubt. Wenn die Mädels wüssten. Tun sie aber nicht, obwohl sie natürlich auch auf unserem Ehemaligentreffen waren. Da hatte ich ihnen aber noch nicht von Max' und meiner offenen Beziehung erzählt. Gut, dass Tims und mein heißes Treffen im Auto unentdeckt blieb, denke ich grinsend und gehe mit der Flasche bewaffnet wieder zum Sofa. »Wenn ich jetzt zum Beispiel mit euch heute Abend feiern gehen würde, und mir würde jemand gefallen«, führe ich nun weiter aus, »dann müsste ich nicht vorher Max anrufen und ihn fragen, ob ich mit ihm ins Bett gehen darf, sondern kann machen, was ich will, solange es regelkonform ist.«

»Mh, ich verstehe. Es ist ein bisschen so, als wären du und Max irgendwie Single und irgendwie ein Paar«, denkt Kati laut nach, während ich ihr Glas fülle. »Ja, ein bisschen ist es so. Wir probieren uns aber auch noch aus«, antworte ich. »Ein paar Dates hatte ich schon. Und jetzt eben auch diese Affäre. Aber von Anfang an haben wir es langsam angehen lassen, sodass wir uns als Paar nicht überfordert haben. Jede neue Geschichte muss ja auch erst mal verarbeitet werden. Aber ich merke zum Beispiel, dass es für mich immer normaler wird. Am Anfang war das Danach-darüber-Reden viel aufregender oder manchmal auch schwierig. Jetzt hat es alles nicht mehr die krasse Wichtigkeit, sondern fügt sich so langsam in unser Beziehungsleben ein. Und das ist eh nicht nur leicht, weil wir ja momentan eine Fernbeziehung führen. In zwei Städten zu wohnen hat total viele Vorteile, weil wir beispielsweise die anderen Flirts nicht so direkt mitbekommen. Vor allem aber, weil wir beide für uns selbst Pläne verwirklichen wollen. Aber auch den Nachteil«, fahre ich fort und schenke nun auch Fiona Sekt ein, »dass wir manche Dinge eben nur am Telefon besprechen können und es zum Teil einfacher und schneller geklärt wäre, wenn wir uns sehen würden.«

»Was geklärt wäre?«, will Fiona wissen. »Na, wenn es mal einen Streit oder ein Missverständnis gibt«, erkläre ich. »In solchen Momenten fänd ich es besser, wenn wir uns einfach schnell treffen und das aus der Welt schaffen könnten. Auch, wenn ich es gerade liebe, ganz viel mein eigenes Ding zu machen.« »Ist es in einer Streitsituation dann nicht vielleicht sinnvoll, das mit anderen sein zu lassen? Oder mal eine Pause einzulegen?«, gibt Fiona zu bedenken. »In bestimmten Fällen vielleicht. Es kommt darauf an«, antworte ich, »aber Fritz und du zweifelt ja auch nicht an eurer monogamen Beziehungsform, nur weil ihr mal einen Alltagsstreit habt. Oder würdest du eure körperliche Treue infrage stellen, weil Fritz vergessen hat, den Müll runterzubringen?« »Nee, natürlich nicht«, räumt Fiona ein. »Genau. Und so ist es bei uns auch. Das ist kein Experiment mehr, sondern eine Entscheidung, mit der wir uns vorstellen können, ein Leben lang zufrieden zu sein. Wir beide glauben gerade zumindest nicht, dass wir wieder klassisch monogam zusammenleben wollen. Wir haben uns für unser Leben vorgenommen, weiter so ehrlich miteinander zu sein, und dann finden wir bestimmt immer wieder den gerade richtigen Weg, um glücklich zu sein.«

»Wollt ihr eigentlich auch irgendwann Kinder haben? Und würdet ihr dann wieder monogam leben?«, fragt Kati nach. »Mh, wir wollen gerne irgendwann Kinder haben, ja«, antworte ich nachdenklich. »Wie wir das dann mit unserer offenen Beziehung machen, werden wir dann sehen. Vielleicht fühlt es sich eine Zeit lang gar nicht gut an, das Bett mit anderen zu teilen, wer weiß. Dann lassen wir es eben für 'ne Zeit. Ich kann mir zum Beispiel überhaupt nicht vorstellen, dass ich noch Lust darauf habe, mit anderen Männern zu schlafen, wenn ich Max' und mein Baby im Bauch habe. Und nach der Geburt habe ich sicher auch anderes im Kopf und im Herz. Mal sehen, vielleicht kommen dann irgendwann die Lust und die Neugierde wieder. Denn Monogamie ist ja nun grundsätzlich nicht mehr unser Ding. Wir werden sehen, ich bin da ganz entspannt. Max und ich werden unseren Weg schon in aller Ruhe finden.«

»Ja, das glaube ich auch«, sagt Kati. »Ich weiß noch nicht, ob ich Kinder haben möchte. Erst mal den richtigen Mann finden. Mich macht das ganze Thema aber wirklich nachdenklich. Ich weiß nämlich, ehrlich gesagt, auch nicht, ob ich körperlich treu sein könnte. Ein Leben lang nur mit einem Menschen zu schlafen ist schon ein abgefahrener Gedanke!«

»Ja, den Gedanken kenne ich logischerweise nur zu gut. Aber ich glaube, für viele ist das ein total schöner und romantischer Gedanke. Und das ist doch super«, erwidere ich und stelle die Flasche auf den Boden, nachdem ich auch mir nachgefüllt habe. »Ich finde den Gedanken auch sehr schön, muss ich sagen«, ergreift nun Fiona das Wort. »Und unabhängig davon, dass ich gar keinen anderen als Fritz will, wäre ich auch viel zu eifersüchtig für eine offene Beziehung. Oh Gott, wenn Fritz nur eine andere Frau genauer anguckt, werde ich ja schon wahnsinnig. Und ich bekomme schon bei dem Gedanken daran, dass Fritz vielleicht mal Lust auf eine andere haben könnte, ganz doofe Gefühle. Bist du gar nicht eifersüchtig?«

In Gedanken bin ich noch bei dem, was Fiona vor ihrer Frage sagte. Denn was passiert wohl, wenn Fritz tatsächlich mal Schwierigkeiten damit hätte, Fiona weiterhin treu zu bleiben? Hätte er das Gefühl, es ihr offen sagen zu können? Wie würde sie damit umgehen, wenn er es täte, und wie er, wenn er es für sich behielte? »Doch, klar bin ich manchmal eifersüchtig«, antworte ich und nehme mir vor, das beizeiten noch mal bei Fiona anzusprechen. »Das sage ich dann auch. Und dann sprechen wir darüber. Also über meine Befürchtungen oder mein Kopfkino. Manchmal bin ich auch nur eifersüchtig auf die Zeit, die er mit einer anderen verbringt. Wenn wir uns zum Beispiel gerade nicht sehen können. Selten bin ich auf die Frau an sich eifersüchtig, sondern eher auf die Aufmerksamkeit, die sie bekommt. Und ich hab gemerkt, dass ich vor allem dann eifersüchtig bin, wenn ich mich selbst gerade doof finde und mich ungeliebt fühle. Wenn ich gerade richtig gut drauf bin, dann juckt mich das gar nicht. Dann kann ich mich auch für Max freuen, wenn er gerade etwas Spannendes erlebt hat.«

Fiona fragt ungläubig: »Krass, du freust dich, wenn er 'ne geile Nacht hatte?« »Ja, warum auch nicht«, setze ich entgegen. »Ich weiß doch von mir selbst, wie gut man sich nach einem tollen Abend mit jemand anderem fühlt. Und ich weiß auch, dass ich mich Max gegenüber deshalb nicht weniger nah fühle. Ich schließe einfach von meinen Gefühlen auf seine, und das macht die Hauptberuhigung aus. Weil ich selbst Sex und Liebe ganz gut trennen kann. Und dabei bin ich ja keine, die über 'nen Kerl nur drüberrutscht und dann Tschüss sagt. Ich muss den ganzen Typen, nicht nur sein Äußeres anziehend finden, sonst kommt bei mir gar keine Lust auf. Und trotzdem greift es meine Gefühle zu Max nicht an. Ganz im Gegenteil, ich liebe uns dafür, dass wir uns so loslassen können, ohne uns voneinander zu entfernen.«

»Ihr seid wirklich ein sehr spezielles Paar«, resümiert Kati lächelnd. »Und ich finde es wirklich toll, dass ihr euren Weg gefunden habt. »Ja, das finde ich auch«, stimmt Fiona zu. »Ein bisschen muss ich mich noch dran gewöhnen, auch weil ich es mir für mich und Fritz überhaupt nicht vorstellen kann, aber ich finde es voll okay. Weil ihr scheinbar sehr glücklich damit seid.«

»Ja, das sind wir«, erwidere ich schmunzelnd und hebe mein Glas. »Und weil Max und ich das mit uns so schön finden, wollen wir übrigens nächstes Jahr im Sommer heiraten.«

JA, ICH WILL!

Liebe Festgemeinde, liebe Familien, liebe Freundinnen und Freunde, liebe Anna, lieber Max,

die Freude um dieses wunderbare Ereignis, das wir heute gemeinsam feiern und bezeugen, wächst schon seit geraumer Zeit in meinem Bauch und möchte nun beinah mit einem lauten »Halleluja« herausplatzen! Anna und Max laden uns dazu ein, dabei zu sein, wenn sie ihre tiefe Verbundenheit vor die eine, unbegreifbare Ewigkeit stellen und sagen: Wir gehören zueinander! Wir wollen, dass das Gegenüber mein Leben lang der Teil meines Lebens bleibt, der er heute ist, und mehr! Wir wollen alles zwischen uns in Liebe geschehen lassen.

»Alle Dinge aber unter euch lasst in der Liebe geschehen.« Das steht im ersten Korintherbrief und klingt nach einem ambitionierten Trauspruch. Alles? Wirklich alles-alles? Geht das? Und Liebe? »Liebe ist ein großes Wort«, das habe ich neulich erst Max sagen hören.

Paulus legt euren Trauspruch der Gemeinde im alten Korinth ans Herz. Es geht hier um etwas, das eine Gruppe von Menschen betrifft. Sie haben ein Projekt. Tief verbunden im Glauben an etwas Unendliches. Gemeinschaftliches Zusammenleben. Mit allem, was das mit sich bringt. Trotz aller Differenzen in der Gemeinde und dazu in einem Umfeld, das nicht unbedingt die eigenen Überzeugungen teilt. Damals wie heute: große Worte für große Menschen mit großen Ansprüchen. Alles. In Liebe. Geschehen lassen.

An so vielen Stellen im Leben ist »passen« einfach. Eine fertige Form auszufüllen bedarf Anstrengung, Willen und Arbeit, aber es *gibt* eine Form. Eine Form mit Kurven und Rändern. Sie ist bestimmt durch gesellschaftliche Erwartungen, politisches Bewusstsein oder auch Sozialisation. Es ist einfach zu sagen, dass etwas, das nicht in die Form passt, nicht hineingehört.

Schwieriger ist es, eine *eigene* Form herzustellen. In Arbeit, Hoffnung und Anstrengung immer wieder herauszufinden, wo die Kurven und Grenzen der *eigenen* Form sind. Wenn ich auf euch und eure vergangenen zehn Jahre schaue, stelle ich immer wieder mit vollster Bewunderung fest, dass ihr nicht müde werdet, eure eigene Form zu finden, sie auszumalen, sie zu dehnen, zu drehen und auf den Kopf zu stellen. Eure Liebe und euer Leben nach *euren* Kategorien und Formen zu teilen. Vielleicht liegt es genau daran, an eurer eigenen Form, dass es scheint, als würden die Dinge, die eigentlich nicht passen, bei euch passen: Ihr lebt, dass Loslassen und gleichzeitiges Festhalten kein Widerspruch sein muss. Ihr könnt euch Platz machen in liebender Distanz, das erwarten, was dadurch entsteht, gehen lassen, die Ungewissheit aushalten, zurückkommen. Ihr schafft es, euch zu bewegen, weiterzugehen, durch und mit all den Veränderungen, ohne Krampf, ohne aufeinanderzusitzen, ohne Stillstand. Ihr habt Schmerzen und Verletzungen überwunden, vergeben. Miteinander aneinander gelernt.

Ich finde es bewundernswert, wie frei ihr miteinander sein könnt – ohne Verbot von Gedanken und Bedürfnissen, allein euch folgend und immer aushandelnd. Ich finde es bemerkenswert, wie viel Unfertiges ihr an euch und eurer Beziehung aushaltet und liebt, durch alle Ungewissheiten hindurchgehend. Was ihr tut, ist mutig. Wagnisse einzugehen ist mutig. Es bedarf Vertrauen, Hoffnung und den Glauben daran. Von Hilde Domin stammt der wundervolle Ausspruch: »Ich setzte meinen Fuß in die Luft, und sie trug!« Der Satz steckt voller Verwunderung und Überraschung: Ist das zu fassen – die *Luft* trägt? Der Satz steckt voller Entschlossenheit: Ich tu es trotzdem, obwohl es nicht möglich zu sein scheint, oder gerade deswegen! Der Satz steckt auch voller Zuversicht und Unerschrockenheit. So oft und immer wieder setzt ihr eure Füße in die Luft, in das Unfassbare, in das scheinbar Ungewisse, und: Es trägt euch! Ich möchte gerne mittragen.

Mit diesem Tag, mit eurer Hochzeit, eurem Sein an diesem Ort, in diesem Raum, gebt ihr euch ein Versprechen, vor Gott. Vielleicht. Ganz bestimmt: Ein Versprechen vor der Gemeinde, vor eurer Familie, euren Freundinnen und Freunden, den Menschen, die ihr liebt und die euch lieben. Ihr nehmt sie mit in die Verantwortung. Schon immer und mit diesem Tag besonders liegt eure Verbindung in den verantwortungsvollen Händen eurer Liebe und in denen aller hier Anwesenden. Euer Versprechen hier, heute, geschieht nicht im Stillen, im Verborgenen, es geschieht vor Zeugen und Zeuginnen, vor Menschen, die teilhaben wollen an eurer Beziehung, eurer Liebe. Vor Menschen, die mittragen wollen. Wie wunderbar das ist: Verantwortung abgeben. Sich in Liebe fallen lassen. Sich auf etwas verlassen zu können. Auf die Luft, die trägt. Auf die Menschen, die fallschirmgroße Falltücher spannen.

Das, was euch trägt, ist Gott: vielleicht. Ist eure Liebe: bestimmt. Sind eure Lieben: definitiv!

»Wir wollen alle unsere Dinge in der Liebe geschehen lassen.« Das zu sagen, erfordert meines Erachtens eine ordentliche Packung Mut, vielleicht auch Naivität, denn so eine Beziehung besteht wahrlich nicht nur aus Harmonie und Zärtlichkeit, und so ein Menschenleben kann manchmal auch ganz schön lang werden. Aber dennoch scheint – diesen Zweifeln zum Trotze – ein innerer Drang in uns zu stecken, der an diesem Liebesideal festhalten will; eine Sehnsucht, die in uns Menschen hineingelegt ist und uns ständig vorantreibt, weil wir wissen, es kann in diesem irdischen Menschenleben Augenblicke geben, die die Erfüllung unserer Sehnsüchte erahnen lassen. Zum Beispiel im Gegenüber, im »Du«, das die eigene Einsamkeit aufhebt. Wir Menschen sehnen uns danach, uns im Vertrauen dahin fallen zu lassen, wo diese Sehnsucht begründet ist.

Aber wer fällt, kann sich nicht selbst fangen. So unbequem der Gedanke auch sein mag, wir können uns selbst nicht heraushelfen, indem wir uns der Wirkung der Sehnsucht entziehen oder sie ignorieren. Die Sehnsucht geschieht uns, da sie über unsere menschlichen Fähigkeiten hinauswächst und auf etwas weist, das mehr ist, als wir wirklich fassen können. Es ist aber nicht so, als seien wir kleine Fähnchen im Wind, passiv und kontrolliert durch die Sehnsucht. Wir sind kreativ – frei darin, mit dieser Sehnsucht umzugehen. Wir singen und tanzen, malen Bilder und bauen imposante Gebilde, wir dichten und träumen, spielen und musizieren. Ja, im Umgang mit der Sehnsucht, die da in uns rumort, bringen wir die wunderbarsten Dinge zustande. Wir gehen an unsere Grenzen, brechen manchmal auch eigene Grenzen oder Konventionen, rufen körperliche Höchstleistungen ab, wir vollbringen manchmal kleine Wunderwerke, wenn wir unserer Sehnsucht folgen.

Wir finden die Quelle, die den Durst nach Ewigkeit stillen kann, in der Person, im leiblichen Körper, im Geist und im Charakter des anderen, sodass das heutige Hochzeitspaar wahrhaftig sagen kann: Wir gehören zueinander, wir wollen alles zwischen uns in Liebe geschehen lassen.

Auf eine tiefe Beziehung, darauf, sich selbst im Du zu erkennen, darauf, gemeinsam Sehnsüchten nachzugehen, möchten wohl eher wenige verzichten. Beziehung ist und heißt Bereicherung. Und Herausforderung – denn man kann nicht immer in allem so aufmerksam, so korrekt, so engagiert, so gut, so liebevoll handeln, wie man gerne will. Und manchmal kann man noch nicht mal wollen.

An diesem Punkt, in diesem grundmenschlich einfachen und übermenschlich komplizierten Geschehen, denke ich: Ja, ich würde unter Umständen auch heiraten, und zwar in einer Kirche. Wegen des Vertrauens in andere, die da sind und Verantwortung mittragen. Ja. Und auch, weil das auf eine Stelle verweisen will, auf die sich menschliche Sehnsucht nach Unendlichem richtet. Das ist eine Stelle, bei der es um das Individuelle und um das Gemeinsame geht, bei der beides Platz hat und kein Widerspruch ist. Eine Stelle, an der auch Unklares, Kantiges, Kompliziertes sich einpasst in ein großes Ganzes.

Da sagt jemand, das sei weltfremd. Ist es auch. Aber nicht ganz. Ich kenne dieses Gefühl dafür aus Momenten, die ich nicht selbst machen kann, aber geschehen lassen. Aus durchtanzten Nächten mit Anna, in denen alles leicht ist, zum Beispiel. Aus Gesprächen, in denen zwei Menschen sich einfach verstehen. Aus Momenten, in denen sich ein neuer Weg unverhofft eröffnet und sich richtig anfühlt. Aus Momenten, in denen plötzlich alles Sinn ergibt. Ich fühle es dann, aber ich kann dieses große Ganze nur ahnen und nicht ausbuchstabieren.

Und klar. Ich zweifle. Frage, warum, und wo diese Stelle sein soll. Aber es geht nicht weg – trotz all der Weltgewandtheit – das Vertrauen darauf, dass sie da ist und uns sehnen und vertrauen und lieben lässt. Immer wieder bahnt sie sich

Wege ins Leben und färbt ab. Nicht dauernd rosarot, aber immerhin. Und viele ihrer Farben sehe ich, wenn ich euch sehe. Ihr stellt eure Liebe vor die unbegreifliche Ewigkeit und sagt, wir gehören zueinander. Zeuginnen und Zeugen tragen voller Freude mit. Und die unbegreifliche Ewigkeit begegnet euch mit einer Zusage:

Ich kenne euch. Ich sehe euch. Ich verstehe euch. Ich bin bei euch. Ich bin für Menschen, für Begegnung. Immer. Für euch. Und für euch da. Für dich und dich. Das ist eine Zusage von der Kraft her, die Menschen lieben lässt. Manche nennen sie Gott.

Alle eure Dinge lasst – vertrauensvoll – in der Liebe geschehen.

Und der Friede Gottes, der höher ist als alle unsere Vernunft, bewahre eure und unser aller Sinne in Jesus Christus. Amen.

(3. August 2013, Predigt, Helen)

HASSLIEBE TINDER

Es ist Sommer. Meine beste Hamburgfreundin Paula besucht mich für ein paar Tage im viel zu heißen Berlin. Sie ist geflohen. Vor einem Mann, den sie toll findet und der sie auch sehr mag, aber nicht so, wie von ihr gedacht und gehofft. Manno!

Paula und ich haben uns vor Jahren über einen Musikerfreund kennengelernt, und obwohl wir bisher nie in einer Stadt lebten, ist sie ein wichtiger Teil meines Lebens geworden. Wir haben uns in den letzten Jahren gefühlt tausendmal besucht, zusammen als Sängerinnen auf der Bühne gestanden oder die Semesterferien in ihrem Elternhaus auf dem Land verbracht und bis in den Morgen Jamsessions mit anderen Musikern gefeiert. Paula hat aus unserem Hobby ihren Beruf gemacht: Sie ist mittlerweile Songwriterin und Musikproduzentin und hat mit unserem Freund Jonas einen eigenen kleinen Musikverlag gegründet. Wenn wir uns sehen, schreiben wir auch manchmal Songs, die Paula und Jonas dann anderen Künstlern und Plattenfirmen anbieten. Und mit etwas Glück kommen diese dann zum Beispiel auf ein Album oder in einen Kinofilm. Paula ist Single, und wie so viele auf der Suche nach der großen Liebe. »Ich versteh das einfach nicht«, sagt Paula zum dritten Mal in zwei Minuten, während sie an meinem kleinen Küchentisch in meiner Friedrichshainer Wohnung Mozzarella in Stücke schneidet. »Ich hab ihm wirklich von Anfang an deutlich gesagt, dass ich nicht nur irgendwas Lockeres suche, sondern eine ernsthafte Beziehung. Was Richtiges«, kotzt sie sich aus.

»Ja, ich weiß, das tut mir auch wirklich sehr leid. So ein

Arschloch«, sage ich und stelle ihr einen Sambuca vor die Nase: »Trink das. Das wird dir guttun.« Ich muss mir ein unpassendes Schmunzeln verkneifen. Weil das wahrscheinlich einer der meistgesagten Daily-Soap-Sätze der Welt ist. Genauso wie »Wir müssen reden« oder »Ich glaube, es ist besser, wenn du gehst«.

Ich gehe zum Kühlschrank, um das Alster herauszuholen, das zum Sambuca gehört. Mein obligatorisches Damengedeck. Alster und Sambuca mit Kaffeebohne, ohne Anzünden. Und beides ganz gemütlich und in Ruhe trinken, nicht lieblos runterkippen. »Naschen für Große«, sage ich immer. Das Damengedeck habe ich damals in meiner Göttinger Stammkneipe für mich erfunden. Gott, kommt mir das lange her vor. Ich werde alt. Jedenfalls ein bisschen. Seitdem mir bei diesen Dating-Apps immer wieder Jungs um die achtzehn schreiben, sie würden so gerne mal mit einer älteren und reiferen »Dame« schlafen, komme ich tatsächlich hin und wieder ins Grübeln, ob ich nicht doch schon auf der Schwelle zum alten Eisen bin. Dame!? Also bitte!! Bei dem Wort sind meine Vagina und ich sofort raus!

Paula und ich stoßen an. »Wie alt ist Gregor eigentlich?«, will ich nun wissen. »Auch Ende zwanzig, so wie ich«, antwortet sie und reicht mir ihr Brettchen mit dem Mozzarella. »Also eigentlich ein Alter, in dem man sich ruhig mal auf etwas Festes einlassen könnte. Wir sind schließlich alle keine zwanzig mehr.« Ich verteile den Käse über der Pizza, die ausgerollt und mit Tomatensoße bestrichen auf dem Blech liegt. Vor einer wilden Tanznacht muss man sich schließlich gut stärken. Paulas Handy piept. Wir schauen uns an. Paula nimmt das Handy und liest. »Ist er das?«, will ich wissen. »Ja«, antwortet Paula genervt. »Als hätte er gespürt, dass es mir besser geht, seitdem ich hier bin.« Sie nippt an ihrem

Sambuca. »Wahrscheinlich hat er doch Schiss, dass ich komplett weg bin. Aber ohne mich! Entweder ganz oder gar nicht.« Entschlossen schaltet sie ihr Handy aus. So einfach ist das. Vermeintlich.

Der technische Fortschritt ist wirklich eine eigenartige Sache. Und wie schnell das alles ging. Als ich noch klein war, hatten wir noch ein Telefon mit einer Wählscheibe. Ja, richtig, einer Wählscheibe! Dann irgendwann eins mit Tasten. Die Telefone waren aber sehr lange Zeit groß, klobig und mit Schnur. Erst später gab es dann ein schnurloses Telefon, das locker und leicht in der Hand lag. Man konnte damit herumlaufen! Wahnsinn! Ich kannte alle Telefonnummern meiner liebsten Freunde auswendig. Auch heute noch kann ich sie aufsagen oder das Muster eintippen, ohne nachzudenken. Als das Internet dann irgendwann in alle Haushalte einzog, musste man sich noch lange zwischen »im Netz Surfen« und Telefonieren entscheiden. Beides gleichzeitig war zu Beginn nicht möglich. Das Einwählen ins World Wide Web dauerte ewig, und jeder meiner Generation hat noch das dazugehörige Gepiepse im Ohr. Meine Eltern schickten meinen Bruder und mich damals sogar in einen Computerkurs, damit wir lernten, mit der Maus umzugehen und Word-Dokumente zu erstellen. »Computer sind die Zukunft«, haben sie gesagt. Diese Aktion ist im Nachhinein genauso absurd bzw. lustig wie die Idee des »Euro-Starterkits«, das vor der Einführung des Euro in Deutschland erhältlich war. Eine Art Kennenlernbeutel mit allen neuen Münzen. Ich weiß noch, dass mein Vater meinem Bruder und mir dazu riet, die Münzen in jedem Fall aufzubewahren, sie könnten ja irgendwann mal etwas wert sein. Was soll ich sagen, in den Tagen danach haben wir sehr viel Eis gegessen.

Apropos Eis. »Hast du Lust, Musik anzumachen? Wir machen uns jetzt wie geplant einen richtig schönen Abend mit Pizza, Eis und ganz vielen Damengedecken«, lenke ich das Thema auf die schönen Dinge des Abends. Paula guckt noch ein wenig geknickt, aber ein kleines Lächeln sehe ich aufblitzen. »Wir gehen raus, sind einfach wir und lassen uns treiben, okay? Es ist schließlich Sommer.« »Ja! Scheiß auf die Kerle«, entgegnet Paula jetzt doch ein wenig enthusiastisch. »Berlin, was hast du uns zu bieten?«, rufe ich aus dem offenen Küchenfenster und stachle sie an. Die Flasche Alster Richtung Nachthimmel gestreckt, verkündet nun auch Paula feierlich: »Die Welt ist groß, und wir sind wunderschön. Macht euch gefasst!«

Berlin macht sich gefasst. Vor unserem Fenster genießen die Menschen bereits den lauen Abend. Wir hören einen Straßenmusiker und das gemütliche Schnattern der Restaurantgäste, die an den Außentischen sitzen. Der Berliner Sommer ist traumhaft. Die Leute strömen aus ihren Löchern, raus auf die Straßen, raus in die Welt. Sie trinken Limonade in der Sonne und essen Leckereien vom türkischen Markt am Maybachufer. Es wird geschlendert. Das hektische Rennen von A nach B im Herbst und Winter, um schnell ins Trockene und Warme zu kommen, hat endlich ein Ende. Und du brauchst nichts zu tun, außer rauszugehen. Die Stadt macht den Rest. Sie unterhält dich. »Entspann dich, lehn dich zurück und lass dich von mir bespaßen«, raunt sie dir gut gelaunt zu. »Mach einfach die Augen und dein Herz auf und genieß das Leben.« Das leichte und tiefenentspannte Gefühl, das sich einstellt und sich so durch den Tag zieht, hört auch abends nicht auf. Man bleibt einfach bei seinem Lieblingsitaliener an der Ecke sitzen oder lässt sich weiter durch die Kneipen treiben. Die Straßenmusiker füllen mit ihren Melodien die kleinen Lücken der geselligen Gespräche alter Freunde, die sich endlich mal wieder Zeit füreinander nehmen. Der Sommer ist in der Stadt. Endlich. Zeit für die Erinnerungen deines Lebens. Sie warten an der nächsten Ecke auf dich. Berlin ist ein Versprechen.

»Es ist so schön mit dir und hier in Berlin«, sagt Paula, die sich eine Kippe anzündet. »Kann ich nicht einfach ausbrechen und hier bei dir bleiben? Ich will nicht wieder nach Hamburg und mich allein fühlen. Vielleicht brauche ich einen Neuanfang.«

Das wäre schon geil, denke ich und schiebe die Pizza in den vorgeheizten Backofen. Mit Paula in einer Stadt. Am Anfang fände sie es sicher so aufregend wie ich, als ich herkam. Doch wenn man etwas länger in Berlin lebt, dann wird aus dem aufregenden Berlin mit der Zeit auch das nervige Berlin, das dreckige Berlin, das verstörende Berlin und dann irgendwann das normale Berlin. Und trotzdem habe ich das Gefühl, dass die Menschen, die vor allem den Berliner Sommer schon einmal erlebt haben, die Stadt immer mit einem besonderen Gefühl verbinden. Berlin tickt einfach anders als andere Städte. Es ist ein bisschen wie einer dieser superlustigen und überdrehten Partyfreunde, die man gerne anruft, wenn man mal wieder Lust auf eine »dieser Nächte« hat. Den Spaß seines Lebens braucht, rausmuss aus seiner Komfortzone. Sich mitreißen lassen will, weil man selbst gerade nicht mitreißen kann. Und es wird wunderbar werden!

Bis der Kater eintritt und dir der überdrehte Partyfreund auf die Eier geht und du deine Ruhe willst. Berlin nervt, wenn du keine Lust auf Berlin hast. Weil es so schwer ist, sich zu entziehen. Es gibt nicht nur die schöne, leichte Seite, es gibt auch die hässliche, erbarmungslose und trostlose, verrückte Seite. Menschen, die auf der Straße leben, die so suchtkrank sind, dass sie sich komplett verloren und aufgegeben haben. Und jeder darf und muss hingucken. Wenige mit Empathie und dem Wissen darum, dass dieser ältere Mann, der dort verwahrlost im Hauseingang liegt, mal ein kleiner Junge war, der von seinem Vater misshandelt, gebrochen wurde. Das Kind, das wie jedes andere seinem Vater blind vertraute. Das Kind, dessen einzige Chance zu überleben war, seine Seele zu verschließen. Und irgendwann zu betäuben. Manche Menschen sehen in dem Mann diesen kleinen Jungen. Zu viele den ekelhaften Penner, der nicht so leben müsste, wenn er denn nur anders wollte. Einen, der stört. Oder einen, der zum coolen Berliner Leben dazugehört. Hip ist, wer auch die krassen Seiten Berlins als »Tja, das ist halt Berlin« abtun kann.

Und das können wir. Immer öfter. Weil wir abstumpfen. Weil wir es müssen? Weil wir es können? Denn Abstumpfen fällt so leicht in einer Stadt wie dieser.

Vielleicht ist Berlin das europäische New York. Unsere Stadt der tausend Möglichkeiten. An jeder Ecke wartet ein anderes Abenteuer. Ein neuer Job, eine plötzliche Karriere, die nächste Affäre, die große Liebe. »Die große Liebe?«, schreit mir die Generation Beziehungsunfähig entgegen. »Obwohl es doch tausend andere Möglichkeiten gibt? Also bitte, nein, das hat doch noch Zeit! Ich binde mich nicht. Später vielleicht. Aber erst einmal bin ich dran. Fulltime-Job-Egoist. Und das völlig verdient. Gönn dir was, heißt es doch, oder nicht?«

»Das wäre schon richtig geil, wenn du herziehen würdest«, sage ich. »Aber für die Hoffnung auf die große Liebe solltest du nicht herkommen. Dit is' Berlin, Schätzchen. Hier gibt's nur Unverbindlichkeit zu holen.« Ich gieße einen weiteren Sambuca nach. »Das ist hier wirklich so, oder?« Sie seufzt, muss aber auch grinsen. »Alter, nein. Wenn ich das Wort Unverbindlichkeit nur höre, kotze ich.« Sie stampft wie ein kleines Kind mit dem Fuß auf. Paula wäre eben nicht Paula, wenn sie nicht alles auch immer mit Humor nehmen würde. Das liebe ich an ihr. Egal, wie scheiße eine Situation ist, sie bringt sich, mich und alle anderen immer zum Lachen.

Ich kann gut verstehen, dass ihr bei dem Wort Unverbindlichkeit ganz schlecht wird. Mich irritiert es zuallererst einmal. Unverbindlichkeit. Die Distanz, die wir besonders durch unsere smarten Telefone immer wieder neu regulieren. Wir schalten sie an und aus. Wir schalten die Nähe an und aus. Die Distanz an und aus. Wir schalten Menschen an und aus. Wenn es uns passt, dann schreiben wir ein »Na, was machst du gerade?«, und zack, ist eine Verbindung hergestellt. Genau wie es Gregor vorhin wieder gemacht hat. Als sei nichts gewesen. Und wenn wir keine Lust mehr haben, hören wir auf zu antworten. »Ghosting« nennen wir das. Anrufen tun wir generell schon längst nicht mehr. Das ist viel zu direkt. Keine Zeit, die perfekte Antwort zu überdenken. Keine Möglichkeit, die Stimme, die Stimmung zu verbergen. Und sonntags, ja, gerade sonntags werden die meisten »Na, was machst du gerade?«-Nachrichten hin und her geschickt, nachdem sich am Samstag kein heißer One-Night-Stand finden ließ. Sonntage sind die Tage, an denen wir uns besonders einsam fühlen. Weil die Beziehungsfähigen gerade »Tatort« schauen und selbst gemachte Lasagne essen.

»Du hast es beim Dating wirklich gut«, meint Paula. »Du musst die große Liebe nicht mehr finden.«

»Ja, das stimmt, die hab ich schon.« Ich bücke mich runter zum Backofen und schaue nach der Pizza. Ein bisschen dauert es noch. »Einer der Vorteile der offenen Beziehung. Wenn mir jemand begegnet, den ich spannend finde, dann ist das geil. Wenn nicht, ist das nicht schlimm. Max und ich haben quasi ›Tatort‹ und Lasagne. Und wir haben Tinder und Gin Tonic.«

»Guter Vergleich. Gibst du mir noch mal den Sambuca?« Paula drückt grinsend ihre Zigarette aus. Ich reiche ihr die Flasche. »Ja, Max und ich lieben diese beiden Seiten. Paarzeit und Dating Game. Aber welche Spielregeln gelten da überhaupt? Also im echten Leben und beim Online-Dating? Ich habe gerade beim Tindern das Gefühl, dass viele Menschen dort mit ganz unterschiedlichen Regelvorstellungen das Spielfeld betreten. Weil sie alle was anderes wollen.«

»Ja, es gibt diejenigen, die alles ausschließlich locker und easy sehen. So wie Gregor scheinbar.« Paula verdreht die Augen. »Also Leute, die mich belächeln. Und Leute, die mit der Zeit eine Verbindlichkeit aufbauen und was Festes suchen. Vermutlich besteht diese Fraktion zu achtundneunzig Prozent aus Frauen und zu zwei Prozent aus wirklich langweiligen Typen.« Ich halte Paula mit einem liebevollen Blick mein Schnapsglas hin und meine: »Tja, das führt zwangsläufig zu Enttäuschungen. Und zu so wunderbaren Fluchtwochenenden wie diesem hier.« »Wunderbar!«, ruft Paula. »Vielleicht ist Tinder einfach doch keine gute Idee, um Liebe zu finden. Man fliegt ja doch nur auf die Schnauze!« Paula gießt ein.

In der realen Welt ist das mit den unterschiedlichen Bedürfnissen natürlich ähnlich wie in der Online-Welt. Virtuell haben es Typen wie Gregor aber wahrscheinlich viel leichter, ein Traumprinzenbild zu kreieren und aufrechtzuerhalten, als im wahren Leben. Besonders dann, wenn vor einem Treffen sehr viel hin und her geschrieben wird und das Kennenlernen demnach vor allem über Nachrichten passiert. Wohlüberlegt, gut getimt, perfekt pointiert.

»Ich vermute, ungefähr achtzig Prozent der Männer suchen bei Tinder eigentlich eine unverbindliche Affäre oder einen One-Night-Stand und die anderen zwanzig Prozent eine feste Beziehung«, rechne ich ihr vor. »Bei den Frauen ist es wahrscheinlich andersrum. Die suchen wie du den Mann fürs Leben.« »Ja, das glaube ich mittlerweile auch«, bejaht Paula meine Einschätzung. »Und da haben wir das Dilemma. Da kriegt ja keiner, was er will. Was für ein Scheiß!« Ich reiche ihr die Dose mit den Kaffeebohnen und sage: »Na ja, manchmal schon, aber die Wahrscheinlichkeit, Stress oder Herzschmerz zu erleiden, bis die große Liebe gefunden ist, scheint nicht klein.«

»Ich verstehe nicht, warum Gregor nicht einfach gesagt hat, dass er keine Beziehung will. So schwer ist das doch nicht. ›Hallo, ich möchte keine Beziehung. Hab ein schönes Leben, tschüss.‹« Drei Böhnchen landen in ihrem Glas.

»Wahrscheinlich hat er geahnt, dass du ihn dann in den Wind geschossen hättest«, unterstelle ich ihm. »Und damit hat er ja nicht unrecht. Warum solltest du einen Typen daten, der nur Sex will, wenn du eine Beziehung suchst? Viele sind da halt nicht ehrlich im Netz bzw. extra schwammig. Wenn ich beispielsweise einen Mann, mit dem ich ein Match habe, frage, was er denn genau sucht, kommen zu fünfundneunzig Prozent Antworten wie ›Ich bin offen für alles‹, ›Alles kann, nichts muss‹ oder ›Ich guck mich hier einfach nur um und schaue, was passiert‹.« Ich äffe die Typen nach. »Um erst mal auszuchecken, was die Frau will.«

»Und die Frauen mit Beziehungswunsch denken dann: ›Cool, er will erst einmal nicht nur Sex, er ist ja offen für alles. Wenn's passt, auch offen für was Festes.‹ Ich wäre da sofort skeptisch gewesen, aber viele vielleicht nicht«, sagt Paula. »Gregor war ja wirklich so dreist zu sagen, dass er sich eine Beziehung mit mir vorstellen könne. Und vor ein paar Tagen hat er dann behauptet, er habe von Anfang an gesagt, dass es nur locker sei.«

»Ja, das ist eine krass unfaire Nummer. Dir so was vorzumachen.« Ich schalte den Backofen aus und fange schon mal an, den Tisch zu decken. »Das geht gar nicht. Apropos. Wenn ich den Typen dann übrigens antworte, dass ich nur Spaß suche, dann bekomme ich immer Antworten wie ›Ja, ich eigentlich auch, um ehrlich zu sein‹ oder ›Perfekt! Ich bin gerade aus meiner Beziehung raus und hab gar keine Lust auf etwas Festes‹.« »Echt? Diese Flachwichser«, haut Paula einen raus, »wieso nicht einfach sofort ehrlich sein? Dieses Vorher-immer-alles-auschecken-Wollen. Ich überleg mir in Zukunft echt, ob ich so offen mit meinem Beziehungswunsch sein soll.« Paula geht zum Kühlschrank und holt noch zwei Flaschen Alster für uns. »Ja, die Beziehungsfraktion ist, glaube ich, auch nicht immer ganz ehrlich«, meine ich. »Weil man nicht gleich mit der Tür ins Haus fallen und sich die Chancen verbauen will.«

Paula muss mal. In Gedanken bleibe ich beim Thema. Die Frauen auf der Suche nach etwas Festem müssen ja erst einmal davon ausgehen, dass das Bedürfnis beim Gegenüber nicht dasselbe ist. Sie formulieren vielleicht ähnlich schwammig bzw. ergebnisoffen ihre Wünsche – nur in die andere Richtung. Sie äußern sich vage, damit das Beziehungswunschthema die Jungs nicht sofort verschreckt. Aber wohin führt das dann? Eigentlich sollte man sich nichts vormachen und ehrlich sein. Denn gerade, wenn der Typ nichts Ernstes will, mündet das nur selten irgendwann in eine Beziehung.

Ich stelle zwei Teller auf den Tisch. Paula kommt vom Klo und knüpft wie so oft nahtlos an meine Gedanken an: »Ich glaube, viele Frauen denken sich: ›Wenn wir uns im wahren Leben attraktiv finden, muss er mich nur erst mal richtig kennenlernen, und dann kann auch etwas daraus werden.‹« Sie nimmt das Besteck entgegen, das ich ihr reiche. »Ja, das ist wohl der Klassiker: ›Wenn er mich nur erst mal richtig kennt ...‹ Keine Ahnung, wie oft diese Rechnung schon aufgegangen ist«, stimme ich Paula zu. Sie guckt mich mit einem Schmollmund an: »Ich habe das auch schon ein paarmal gehofft.« Ich antworte: »Das ist ja auch das Gemeine, es gibt natürlich One-Night-Stands oder Affären, aus denen eine Beziehung wird. Aber damit rechnen, dass aus einer Affäre mehr wird, sollte man lieber nicht. Max sagt, dass Frauen in vielen Profilen schon sehr konkret sagen: ›Ich suche etwas Festes. Und ich meine NICHT deinen Penis, du Ekel!!‹ Aber übers Smartphone fällt es vielleicht noch leichter, rücksichtslos zu sein. Einmal treffen, keine Berührungspunkte im Freundeskreis, also keine Gefahr, irgendwo als Arschloch abgestempelt zu werden – die Auseinandersetzung mit verletzten Gefühlen findet beim Ghosting nicht statt. Das ist mit Leuten aus dem Sportverein, einem Chor oder bei Lesungen ...«, Paula zieht bei meinen Worten eine Augenbraue hoch, »oder Konzerten vielleicht?«, passe ich meine Auswahl an Paulas Interessen an. »Da ist es anders. Die Wahrscheinlichkeit, jemandem zu begegnen, der zumindest schon mal das gleiche Interesse für etwas hat, ist dort weitaus höher. Und man weiß auch sofort, ob einem jemand gefällt und man ihn riechen kann oder nicht.« Ich öffne den Ofen und hole die Pizza heraus.

Außerdem kann man digital richtig viele Eisen auf einmal im Feuer haben. Wenn's hier nichts wird, kein Problem, warten hundert andere.

»Ja, da hast du recht. Ich arbeite halt immer so viel und dachte deshalb, Tinder sei 'ne gute Idee. Es ist so schön bequem für nebenbei.« Paula öffnet die Alsterflaschen mit ihrem Feuerzeug. »Aber im Prinzip steht es auch nicht im Verhältnis zu dem Stress und Energieverlust, den ich jetzt durch diesen Gregormist an den Hacken hab.«

»Das hätte dir auch so passieren können, aber ja, warum es

nicht einfach mal offline probieren«, sage ich und schneide die Pizza in Stücke. Denn nur online zu suchen, wäre mir einfach zu anstrengend und zu stressig, denke ich. Mit dem Stress, den dieses Ungleichgewicht der Online-Datingwelt erzeugt, kommen natürlich auch die gegenseitigen Vorwürfe. »Frauen sind so naiv, jeder weiß doch, dass Dating-Apps nur zum Vögeln da sind, warum macht die jetzt so ein Drama!?« oder »Männer sind emotional zurückgeblieben und triebgesteuerte Assis. Gibt es auch normale Typen da draußen, die nicht nur ficken wollen?!« Alles schon gehört. Heute Abend von Paula zum Beispiel. Unerfüllte oder enttäuschte Erwartungen. Offenheit und Ehrlichkeit wären wohl die Lösung. Aber auch da gibt es keine Garantien. Ist man transparent mit dem Wunsch nach unverbindlichem Spaß, kann es trotzdem passieren, dass die Affäre sich mehr erhofft. Entstehenden Verliebtheitsgefühlen kann man vielleicht nie sicher vorbeugen. Weder online noch offline.

»Ich verstehe Gregor und die anderen, die Gefühle quasi vorspielen, gar nicht«, sage ich. »Ich möchte schon alleine deshalb keine falschen Hoffnungen schüren, weil ich es nicht anturnend finde, wenn ich mit jemandem ins Bett gehe, der unglücklich in mich verliebt ist. Solche Menschen soll es ja durchaus geben.« Ich tue uns beiden Pizza auf. »Solche, denen es nicht genug ist, begehrt und auch als Person gefeiert zu werden. Die brauchen es, dass der andere in sie verliebt ist, damit das Ego so richtig befriedigt wird. Und ich glaube, so wenige von denen laufen in der Singlewelt leider gar nicht mal herum. Vielleicht vor allem online. Da kann man so viele Eisen gleichzeitig im Feuer haben, das ginge ohne Smartphone kaum. Außerdem tut es nicht weh, wenn es bei einer nicht klappt, weil noch fünfzig andere Whatsapp-Kontakte warten. Auf ein sonntägliches ›Na, wie geht's?‹.«

»Wie ekelhaft egozentrisch Typen sind, die einem das volle Programm vorspielen!!« Paula schiebt sich ein Stück Pizza in den Mund.

Ja, das stimmt, denke ich. Auch nervig, dabei natürlich deutlich harmloser, sind da noch die Menschen, die gar nicht daran interessiert sind, sich überhaupt irgendwann mal mit einem Tindermatch zu treffen. Sie wollen ihren Instagram-Account um Follower reicher machen, sind vor allem an Sexting interessiert, haben Fake-Accounts oder wollen ihren Marktwert testen, während sie eigentlich in einer Beziehung leben. Die Sexting-Freaks sind auch die Leute, die sich im virtuellen Kontakt noch mehr als andere gerne mal vollends danebenbenehmen. Ist doch so schön anonym. Sie sind diejenigen, die uns Frauen ungefragt und aus dem Nichts Penisbilder schicken. Dickpics, yeah, ein Erfolgsgarant. Oder Masturbationsvideos. Oder als erste Nachricht etwas Geschmackvolles wie »Und ich fick dich im Bordell, du kriegst eine Ladung hinten rein, wie ein Lkw« schreiben.

Diese niveaulose Nachricht habe ich tatsächlich einmal bekommen.

»Apropos ekelhaft«, nehme ich das Gespräch wieder auf, »was man bei Tinder manchmal für Nachrichten oder Bilder zugeschickt bekommt, ist auch krass, oder? Ich meine, niemand würde mir im echten Leben beim ersten Date abwertenden Chauvischeiß erzählen oder, bevor das erste Wort fällt, seine Hose in der Bar aufknöpfen und mit seinem Schwanz herumwedeln.« Paula lacht laut los: »Das hoffe ich! Aber genau das ist es halt«, wird sie wieder ernster, »sie tun es, weil es geht. Weil es so leicht ist: im Netz ganz anonym ohne Konsequenz ein Arschloch sein. Endlich richtig scheiße sein. Um sich aufzugeilen, Frust abzuladen, whatever.«

»Ja, und um sich vielleicht endlich nicht mehr klein fühlen

zu müssen, weil sie eigentlich diejenigen sind, die Liebe suchen, aber niemanden finden.« Ich nehme einen großen Schluck Alster. »Ach, keine Ahnung, warum die sich im Netz so danebenbenehmen. Ich hoffe nur, es liegt nicht daran, dass sie jemals Erfolg damit hatten.«

Es nervt, dass Menschen wie diese an dem Spiel Online-Dating überhaupt teilnehmen. Denn auch ohne sie ist es von Zeit zu Zeit schon ziemlich unbefriedigend. Wenn ich zum Beispiel das vierhundertste Oben-ohne-im-Fitnessstudio-Foto nach links schiebe oder schon wieder in einem OK-Cupid-Profil lese, dass der Berliner Hipster wie alle anderen auch ein leidenschaftlicher Foodie ist, gerne reist, surft und Electro-Musik hört oder – Achtung! – selbst auflegt. Aber manchmal, ganz manchmal hat man ja doch Glück, und es hüpft einem jemand Tolles über den Bildschirm.

»Aber weißt du«, sage ich, »manchmal spiel ich das Online-Game trotzdem gerne mit. Ich siebe ja schon sehr aus.« »Ja, und du suchst auch nicht die große Liebe.« »Stimmt, aber selbst dann kann man an Arschlöcher geraten und sollte vorsichtig sein.« Ich sehe, dass wir beide Pizzanachschub brauchen, und gehe zum Herd, auf dem das Blech liegt. »Ich hatte bisher aber tatsächlich fast nur tolle oder witzige Online-Bekanntschaften. Natürlich auch mal ein oder zwei, die gar nicht passten, aber dann verabschiedet man sich halt wieder höflich. Ach, und dann gab es den einen, der mich nach einer Abfuhr, betrunken, wie er war, hart beschimpft hat. Aber dem war das im Nachhinein Gott sei Dank sehr peinlich.« Ich lege uns noch ein Stück Pizza auf die Teller und setze mich wieder. »Aber das war zum Glück eine Ausnahme. Wenn ich nämlich in der richtigen Stimmung bin und der Typ toll ist, dann steht einem kleinen Abenteuer nichts im Weg. Übrigens hab ich übermorgen ein erstes Date mit einem Julian.«

»Aha? Na, dann bin ich mal gespannt, was du erzählst!«, meint Paula ehrlich interessiert. »Hoffentlich wird's gut! Und wenn Julian groß ist, dunkelhaarig und ätzend schön, vielleicht viel von Hamburg erzählt und eigentlich Gregor heißt, dann weißt du, was zu tun ist«, Paula setzt ihr Pokerface auf.

Ja, denke ich, Online-Dating ist und bleibt ein Spiel. Du kannst gewinnen oder verlieren. Es lieben oder hassen. Für die meisten ist es eine Hassliebe. So wie Berlin es für viele ist. Es kann so hässlich sein, so dreckig und grau. Im Sommer tut es gut, und im Winter tut's weh. Manchmal ist uns die Stadt zuwider, genauso wie das tausendste Bild von irgendeinem Kerl vor seinem Badezimmerspiegel. Doch wir lieben auch den Kick des Neuen. Wollen wissen, welches Abenteuer hinter der nächsten Ecke auf uns wartet.

»Und wer weiß. Meine Freunde Caro und Frederick haben sich auch über Tinder kennengelernt und kriegen im Herbst ihr Baby. Ich muss das Tindern ja nicht ganz aufgeben, aber es vielleicht wirklich als Spiel sehen und mich vor allem im echten Leben umsehen.«

»Apropos echtes Leben! Lass uns aufessen und losgehen! Ich hab Bock! Es ist Sommer, und Berlin wird heute gut zu uns sein, ich spüre es!« »Ja, das machen wir. Aber erst trinken«, prostet Paula mir mit ihrem Schnapsgläschen zu. »Auf den Sommer, auf Berlin, auf die Freundschaft!«

SPIEL MIT MIR!

Julian ist nach einer kurzen Begrüßung und der Frage nach meinem Getränkewunsch an die Bar des Fitcher's Vogel gegangen, einer meiner Berliner Lieblingskneipen. Er wirkt erwachsen. So erwachsen-erwachsen. Und ein kleines bisschen steif. So, dass man ihm sofort zuschreiben würde, dass er seine Steuererklärung immer schon Ende Januar fertig hat. Er ist größer, breiter und muskulöser, als ich dachte. Er trägt ein Poloshirt. Und ist irgendwie zu genau, zu akkurat frisiert. Mh, mal sehen.

Zwei Drinks später muss ich alles revidieren. Wir sitzen lachend und ausgelassen zusammen und erzählen uns lustige Dating-Anekdoten. Ein anderer würde vielleicht denken: »Was soll das denn? Bei einem Date über andere Dates reden?«, aber es ist genau unser Ding. Denn, wie sich herausstellt, ist auch Julian in einer offenen Ehe verheiratet. Das wussten wir beide nicht voneinander und feiern es total, endlich mal einen Gleichgesinnten zu treffen. Denn seine Frau Kati und er sind auch die Einzigen in deren Umfeld, die eine offene Beziehung führen.

Wir nehmen alles ganz genau auseinander und erzählen uns, wie wir es mit bestimmten Regeln und Abmachungen halten. Und siehe da, es gibt wirklich erhebliche Unterschiede. Der für mich wichtigste ist, dass Julians Bedürfnis, mit anderen Frauen ins Bett zu gehen, wesentlich größer ist als Katis Wunsch nach anderen Sexpartnern. Sie probiert sich zwar gerade zaghaft mit Frauen aus, aber so richtig nutzen möchte sie diese Freiheiten eigentlich gar nicht. Und ja, er kommt meiner Nachfrage zuvor, das ist ein Problem. Kati gesteht ihm viel zu und hat großes Verständnis für sein Freiheitsbedürfnis, aber es bleibt ein ewiger Kompromiss. Es gibt Grenzen, und Julian versucht, sie, so gut es geht, einzuhalten. Manchmal hält er sie aber auch nicht ein, wie er erzählt, und das behält er dann für sich. Kati weiß wohl darum, dass er die Grauzone ab und an überschreitet, und findet das so lange in Ordnung, wie sie das Gefühl hat, dass es die beiden als Paar nicht beeinflusst. Es klingt für mich einerseits nach großer Ehrlichkeit, was die jeweiligen Bedürfnisse anbelangt, aber auch danach, als hätten sie sich in der Umsetzung der offenen Beziehung auf das Modell »Was sie nicht weiß, macht sie nicht heiß« geeinigt. Die meisten Erlebnisse mit anderen, die ja vor allem Julian erfährt, werden nämlich oft gar nicht erzählt.

Ich höre gespannt zu, merke aber auch, wie froh ich bin, dass Max und ich da so ähnlich ticken und wir beide unsere Freiheiten gleichermaßen wollen und nutzen. Das macht es doch erheblich einfacher. Julian fragt mich, wie ehrlich ich Max gegenüber eigentlich so sein kann. Ich überlege einen kurzen Moment und antworte dann aus dem Bauch heraus: »Ich glaube, es sind so fünfundneunzig bis siebenundneunzig Prozent. Und bei dir?« »Ja, krass, das ist viel. Bei mir sind es so um die siebzig Prozent, würde ich sagen. Und ich finde es schade, dass es so ist. Da habt ihr schon großes Glück«, meint Julian zu mir.

Richtig interessant finde ich vor allem zu erfahren, wie die beiden leben. Jeder von ihnen hat nämlich auf demselben Stockwerk desselben Hauses eine kleine Wohnung angemietet. Genau die beiden gegenüberliegenden. Und da sie eine gemeinsame Katze haben, verbindet die Wohnungen an der Wand, an der die jeweiligen Wohnzimmer grenzen, ein Loch, durch das die Katze hin und her laufen kann. Sehr abgefahren, wie ich finde! Gut abgefahren. Irgendwie eine sehr angenehme Wohnidee. Finden die beiden auch. Er erzählt, dass es zum einen den Vorteil hat, dass er sich nicht mehr über ihre Unordnung ärgern muss. Und zum anderen, dass beide durch ihren ganz eigenen Rückzugsort das Gefühl haben, dass gemeinsame Verabredungen, auch nach acht Jahren noch, wieder etwas Besonderes geworden sind. Vorher lebten sie zusammen in einer Wohnung. Das hat wohl auch gut geklappt, aber jetzt sei es wieder spannender zwischen ihnen.

Bei all diesen Gesprächen über unsere Beziehungen und Affären bin ich mir gerade nicht sicher, ob sich zwischen uns noch die Flirtebene einstellt, geht es mir durch den Kopf, als Julian die dritte Runde Drinks holen geht. Nicht, dass ich ihn nicht attraktiv finden würde, aber es war bisher noch kein Platz dafür, herauszufinden, ob ich ihn auch wirklich heiß finde und mir mit ihm etwas vorstellen kann.

Und als hätte er meine Gedanken gelesen, geht es, nachdem er wieder zurück ist, nicht mehr um andere Abenteuer oder unsere Ehepartner, sondern um uns. Ums Allein-nach-Thailand-Reisen, das wir beide witzigerweise sogar fast zeitgleich gemacht haben, um Musik, denn Julian spielt schon lange in einer Band und schreibt dort eigene Songs, und um unsere peinlichen Eigenheiten. Julian erzählt mir, dass er immer, wenn er das Haus verlässt, alle Fenster, Türen, Lichtschalter und Herdplatten kontrollieren muss, und ich, dass ich sehr futterneidisch bin und es hasse, wenn man vom gleichen Teller isst. Vor allem dann, wenn man sich, warum auch immer, ein Gericht teilt. Ich will dann immer lieber vorher alles auf zwei Teller aufteilen. Auch, weil ich viele Dinge auf meine ganz eigene Art und Weise essen will. Am liebsten so, dass mich niemand dabei beobachten kann. Meinen liebsten Cupcake aus dem kleinen Laden in der Krossener Straße in

Friedrichshain beispielsweise muss ich erst halbieren und beide Hälften nebeneinander auf den Teller legen. Und dann esse ich mich quasi rechteckig von außen nach innen. Erst die eine Hälfte, dann die andere. Reihum nehme ich von jeder Seite immer ein Stück Cupcake mit Topping. Wichtig ist dabei, dass das Verhältnis von Schokoteig zur gesalzenen Karamellcreme stimmt. Wenn da jemand hastig mit seiner Gabel dazwischengrätschen würde, er hätte sie kurze Zeit später im Gesicht. Deshalb esse ich Cupcakes am liebsten alleine. Solche Marotten sind in der Öffentlichkeit leider nicht immer umsetzbar und/oder peinlich. Ganz zu meinem Leidwesen.

Langsam fangen Julian und ich an, miteinander zu spielen. Es wird wärmer zwischen uns. Wäre auch zu schade gewesen, wenn nicht. Wir hängen uns gegenseitig an den Lippen, wenn der andere eine witzige Geschichte erzählt. Berühren uns wesentlich öfter als notwendig und rücken näher auf dem Sofa zusammen. Irgendwann lässt Julian seine Hand auf meinem Oberschenkel liegen, nachdem er ursprünglich mit seiner Geste nur meine Aufmerksamkeit bekommen wollte. Wir schauen uns in die Augen und grinsen. Es ist alles so klar. Und das auf schöne und entspannte Art. Und dann lehne ich mich vor und küsse ihn. Einfach so. Weil ich weiß, dass wir beide es wollen und ich es mag, diejenige zu sein, die den ersten Schritt macht. Julian scheint das auch zu mögen. Denn wir beide versinken in einem heißen Kuss. Heiß. Anders kann man es nicht sagen. Es ist die Art, wie er meine Taille umfasst. Fest und bestimmt. Und wie er mir auf die Lippe beißt, fast unmerklich, aber es macht mich wahnsinnig. Dabei hätte ich ihm viel mehr Zurückhaltung zugeschrieben, als er da vorhin so steif wirkend hereinkam. Aber er ist forsch. Und dominant. Gut dominant.

»Meine Freundin Paula ist gerade zum Arbeiten hier in Berlin und schläft bei mir. Wir können also weder zu mir noch zu dir nach Hause gehen. Und es ist spät und dunkel«, sage ich in eine Knutschpause hinein. »Wollen wir vielleicht einfach auf den Spielplatz um die Ecke gehen?«, fragt Julian, ohne groß nachzudenken. »Ja«, antworte ich, grinse und stehe auf. »Mit dieser Entschlossenheit habe ich jetzt aber auch nicht gerechnet«, antwortet Julian schmunzelnd. »Du lernst mich ja auch gerade erst kennen«, sage ich und bahne mir den Weg hinaus in die warme Sommernacht.

Der Spielplatz ist kaum beleuchtet, und es ist tatsächlich niemand zu sehen. Es gibt ein großes Klettergerüst und darunter eine Art winzigen offenen Raum mit einer kleinen Kinderbank, auf der man sitzen und sich zumindest ein bisschen anlehnen kann. Es ist kaum einzusehen und somit genau der richtige Ort für uns beide. Julian sitzt halb auf der Bank und zieht mich zu sich heran. Küsst mich wild und fordernd. Unsere Zungen sind miteinander verschlungen, können nicht genug voneinander bekommen. Ich knöpfe seine Hose auf und ziehe sie und seine Boxershorts so weit hinunter, dass ich seinen Schwanz herausholen kann, halte ihn fest in meiner Hand. Dann gucke ich ihm lange in die Augen, sehe seine Erregung und er meine. Ich schmunzle ein wenig herausfordernd und begebe mich langsam in die Hocke, ohne dabei meinen Blick von ihm zu lassen. »Fuck, Anna. Was machst du mit mir?«, keucht er, als ich seinen Schwanz langsam und voller Genuss in den Mund nehme. Wenn mir ein Mann gefällt und ich merke, dass wir auch in Sachen Sex auf einer Wellenlänge liegen, dann mache ich das sehr gerne. Und so lasse ich seinen Penis immer wieder langsam in meinen feuchten Mund gleiten und spüre, wie er immer härter wird und mich seine Erregung erregt. Julian stöhnt leise und lässt mich nicht aus den Augen. Ich merke, er ist ein Mann, der sehr leicht zu erregen ist und gerne zuguckt. Plötzlich unterbricht er mich. »Ich halte das nicht mehr aus, ich will dich. Jetzt.« Dann zieht er mich zu sich hoch und schaut mir direkt in die Augen: »Dreh dich um.«

Ich stehe mit dem Rücken zu ihm, das rechte Knie liegt auf der Bank auf. Julian zieht mein Kleid etwas nach oben und mein Höschen ein Stück hinunter. Ich spüre die warme Sommerluft auf meiner nackten Haut, meinem runden Po. Es fühlt sich so aufregend, so schön heimlich, so erregend an. Ich höre Julian hinter mir mit dem Kondom hantieren. Angenehm, wenn solche Dinge selbstverständlich sind und keiner Worte bedürfen. Als er mit seinen Vorbereitungen fertig ist, beugt er sich zu mir nach vorne, dreht meinen Kopf zu sich und küsst mich. Zärtlich. Dann wilder werdend. Und sofort sind wir beide wieder voll in diesem, unseren Moment. Ich will ihn in mir spüren. Jetzt und sofort. Will mich nicht mehr zurückhalten. Ich greife mit einer Hand nach hinten an seinen Po und deute ihm, was ich will, drücke ihn fest an mich. Julian erlöst mich. Uns. Und dringt tief in mich ein. So tief, dass mir der Atem stockt. Wahnsinn, was für ein Gefühl. Und dann fängt er an, sich in mir zu bewegen. Schnell. Ohne Steigerung. Von jetzt auf gleich. Ich muss mich an der Bank und einem Querbalken festhalten, um seinen Stößen standzuhalten.

In manchen Situationen ist das genau der falsche Move, gleich so bestimmt und schnell loszulegen. Jetzt ist es genau der richtige. Meine Lust breitet sich schlagartig in meinem ganzen Körper aus. Mich erregt die Dominanz, mit der er mir jetzt den Mund zuhält, weil mir ein viel zu lautes Stöhnen herausgerutscht ist. Direkt auf dem Spielplatz ist zwar niemand zu sehen, aber dort vorne auf der Straße kommen Menschen aus dem Hauseingang. Er hält inne und mir noch fester den Mund zu. Dann beugt er sich noch weiter zu mir und flüstert mir ins Ohr: »Das nächste Mal verwöhne ich dich stundenlang. Aber dafür musst du jetzt ganz still sein. Sobald du laut wirst, hör ich auf, dich zu ficken.« Langsam fängt er wieder an, sich zu bewegen, und ich verzehre mich nach mehr.

Es gibt diese Momente, da will ich es einfach intensiv, hart, schnell, dominant. Dann will ich mich führen lassen, geschehen lassen, mich fallen lassen. Ich bleibe also still, und Julian wird wieder schneller. Sein Schwanz ist so hart. Ich spanne meinen Beckenboden an und umschlinge ihn damit noch fester. Das verstärkt das Wahnsinnsgefühl, das meinen ganzen Körper erfüllt. Julian lässt meinen Mund los und greift von hinten unter mein Kleid und bahnt sich mit seinen Fingern den Weg vor zu meinen Brüsten. Greift fest zu und reibt mit Daumen und Zeigefinger meinen Nippel. Alles, während er mich weiter hart und schnell fickt. Und alles, was ich noch denken kann, ist: »Mehr, mehr, mehr!« Ich will meine Lust am liebsten hinausschreien, halte sie aber zurück. Halte sie in mir. Denn das sind die Regeln für diesen Moment. Wow, diese Spielchen sind so heiß. Ich habe das Gefühl, gleich zu implodieren. Julians Stöße werden immer heftiger, und ich spüre seinen schnellen Atem wieder an meinem Ohr. »Gott, das ist so heiß, Anna. Du bist so sexy«, keucht er. »Fick mich«, stöhne ich leise und beiße mir auf die Lippe, halte mich weiter mit meinen Händen an der Bank und dem Balken des Klettergerüstes fest. Julians Stöße werden noch heftiger, und als er sich nun selbst nicht mehr halten kann und laut aufstöhnt, kann auch ich nicht mehr. Wir beide lassen los und lösen uns in der gemeinsamen Ekstase auf.

Als die Wellen langsam abebben und wir wieder im Hier und Jetzt ankommen, spüre ich seinen Schwanz in mir immer noch pulsieren. Julian küsst zärtlich meinen Nacken, vergräbt sich ein bisschen darin. Das mag ich. »Ja, ich kann auch anders«, sagt er schmunzelnd. »Diese Seite zeige ich dir das nächste Mal. Ich konnte einfach nicht anders, das war alles einfach zu heiß. Ich hoffe, das war okay?« Wir lösen uns voneinander, ich ziehe mein Höschen hoch. Schiebe mein Kleid wieder an Ort und Stelle. Julian zieht das Kondom ab, macht einen Knoten hinein und wickelt es in ein Taschentuch. Dann zieht er sich wieder an. Jetzt scheint seine akkurate, korrekte Seite wieder durch. Ich muss schmunzeln. Diese fast konservative Ausstrahlung und der hemmungslose Sex passen auf den ersten Blick nicht ganz zusammen. Aber interessant ist es. Er schaut zu mir auf: »War es okay?« Ich lächle: »Ich tue nie Dinge, die mir nicht gefallen.«

Als ich kurze Zeit später den kurzen Weg alleine nach Hause gehe, fühle ich mich leicht, entspannt und um ein schönes Abenteuer reicher. Ich möchte Julian auf jeden Fall wiedersehen. Vielleicht lerne ich ja Kati auch mal kennen. Und die beiden vielleicht Max. Mal sehen. Eigentlich ist das ja nicht drin. Aber irgendwie auch spannend, dass die beiden es ähnlich handhaben wie wir. Ob er Kati überhaupt von uns erzählt? Muss ich das nächste Mal fragen.

Das mit der Ehrlichkeit ist schon so eine Sache. Da haben Max und ich wirklich Glück miteinander. Und ich spüre dieses Glück noch einmal mehr, als ich Max am nächsten Tag am Telefon von meiner Begegnung mit dem »Typen, der auch in offener Ehe lebt« erzähle. Am Ende stelle ich Max auch die Frage danach, wie ehrlich er mir gegenüber sein kann. Natürlich ohne ihm vorher meine Prozentzahl zu verraten. Max sagt: »Fünfundneunzig Prozent.«

IN GUTEN WIE IN SCHLECHTEN ZEITEN

Ein Jahr später. Es ist heiß. Aber erstaunlich gut auszuhalten in der Stadt. Bordeaux und ein Gefühl von gemütlichem Treiben in kleinen Gassen. Kein hektisches Gewusel mit leicht erhöhtem Pulsschlag. Beschaulichkeit ist angesagt. Zumindest im historischen Stadtzentrum. Bordeaux hat eine beruhigende Wirkung auf mich und lässt mich runterkommen, obwohl ich unter Menschen bin. Gott sei Dank sind es nicht mehr so viele wie wahrscheinlich noch vor ein paar Wochen. Es ist Spätsommer, und ich will mir gar nicht ausmalen, wie es zur Hauptsaison hier zugehen muss. Die riesige Shoppingstraße, die einmal quer durch die Innenstadt führt und von uns geflissentlich ignoriert wird, muss dann anstrengend voll sein. Sie führt vom Grand Théâtre mehrere Hundert Meter Richtung Süden und verläuft sich dann langsam im Viertel rund um die Basilika Saint-Michel. Eine typische Ladenmeile, in der sich eine große Kette an die andere reiht. Austauschbar und damit massentauglich. Diese Straße findet man in jeder größeren Stadt Europas.

Spannend wird es wie immer in den kleinen Seitengassen mit den süßen Geschäften und Lädchen. Sie sind einmalig, und ich liebe es, sie zu entdecken. Die Besitzer dabei zu beobachten, wie sie ihren Kunden helfen, die richtige handgemachte Seife auszusuchen, oder ihnen bei der Pralinenauswahl zur Seite stehen. Ich stelle mir immer vor, wie Generation um Generation den Familiengrundstein weiterträgt und damit auch den Stolz aller. Ich verkläre solche Geschichten aber auch wirklich mit Freuden. Sehe zum Beispiel gerne nur die romantische Version davon, eines dieser typischen kleinen Cafés zu besitzen, in dem ich gerade sitze und warte, dass Max mit einer neuen Sonnenbrille zurückkommt. Stelle mir vor, wie der schon etwas in die Jahre gekommene Besitzer, der in meiner Welt auf jeden Fall Jacques, Pierre oder François heißt, morgens alle ebenso in die Jahre gekommenen Fensterläden und Türen aufreißt und man den Staub in den Sonnenstrahlen tanzen sieht, die in das Café fallen. Ich sehe auch, wie er sich daranmacht, die kleinen Bistrotische und Stühle an den Straßenrand zu stellen, um danach die alte, aber immer verlässliche Kaffeemaschine in Betrieb zu nehmen, die er mit all ihren Macken in- und auswendig kennt. Nicht jeder kann sie bedienen und schon gar nicht wieder zum Laufen bringen, wenn sie mal streikt. Er freut sich über einen kleinen Plausch mit seinen Stammgästen und auch darüber, zu erfahren, woher seine ausländischen Gäste kommen. Dabei kommt es häufiger zu Gesprächen mit Händen und Füßen, denn andere Sprachen sind nicht so seine Stärke. Müssen sie auch nicht. Er ist genau dort richtig, genau so, wie er ist.

Ich werde aus meinen Gedanken gerissen, als mich ein junger Familienvater fragt, ob er einen Stuhl meines Tisches haben könne, damit auch das dritte seiner Kinder einen Sitzplatz bekommt. Natürlich darf er, und ich denke nicht ohne Respekt, dass drei Kinder, und das mit den kurzen Abständen, die augenscheinlich zwischen ihnen liegen, eine wirkliche Herausforderung sind. Aber sie alle wirken recht entspannt. Wuselig, aber entspannt.

Ob Max und ich auch einmal so viele Kinder haben werden? Dass wir Kinder haben wollen, war von Anfang an klar. Aber drei? Eins auf jeden Fall, und da wir beide Geschwister haben und das gut finden, war auch schnell klar, dass es gerne auch zwei werden dürfen. Aber drei? Na ja, wir werden sehen. Erst mal müsste man überhaupt mal anfangen. Aber wann? Wann ist der richtige Zeitpunkt für ein Baby? Wann werde ich bereit sein, mich und meine Bedürfnisse – zumindest in der ersten Zeit – so zurückzuschrauben, dass ein kleiner Mensch dadurch genügend Platz und Aufmerksamkeit bekommt?

Für mich war immer klar, dass ich mich erst einmal selbst gut genug kennen muss, bevor ich eine so bedeutende Entscheidung für mein Leben treffen und eine so wichtige und neue Beziehung eingehen möchte. Und mit »mich kennen« meine ich, dass ich neben meinen Stärken auch meine Schwachstellen so gut kenne und annehmen kann, dass ich imstande bin, auch mit ihnen gut umzugehen, und niemand anderen unter ihnen leiden lasse. Vor allem nicht das eigene Kind. Wahrscheinlich ist mir das deshalb so wichtig, weil meine Mutter eine Zeit lang an einer Depression erkrankte und ich weiß, wie es ist, wenn man sich für die eigene Mutter verantwortlich fühlt. Niemand kann etwas dafür, wenn sie oder ihn eine depressive Phase überrollt, aber ich glaube, dass sich auch in einer solchen Situation Lösungen finden lassen, die besonders für Kinder Entlastung schaffen können. Dafür bedarf es aber einer Offen- und auch Klarheit gegenüber sich selbst und seinen Mitmenschen. Und diese Erwartung habe ich an mich selbst. Momentan habe ich das Gefühl, mich ganz gut tragen zu können, aber ob ich mir die Mutterrolle schon zutrauen kann? Ist man sich da überhaupt jemals zu hundert Prozent sicher? Ich bin jedenfalls gespannt, ob ich mir später selbst als Mutter mit all meinen Eigen- und Wunderbarheiten gerecht werden kann.

Welcher Gedanke mich auch immer mal wieder verfolgt, ist die Idee vom »Angekommensein«. Und ich muss sagen, dass ich mich davon verabschiedet habe. Also vom Ankommen im Sinne von »diese Stadt«, »dieses Haus«, »dieser Arbeitsplatz«. Und das alles bis zum Lebensende. Ich dachte immer, das gehöre sich so. Das sei das Lebensziel. Ankommen. Aber wie macht man das? Und wie macht man das, wenn man immer wieder Lust auf Neues hat, die Idee vom Ankommen fast gruselig findet? Denn ich bin eine Suchende und habe immer wieder Lust auf neue Herausforderungen. Ich bin nicht sprunghaft oder unverbindlich. Im Gegenteil. Ich bin eine treue und loyale Seele, wenn es um meine Mitmenschen und die Beziehungen zu ihnen geht. Vor allem die zu meinen Lieblingsmenschen. Ich bin einfach nur neugierig. Und, wenn ich glücklich damit bin, neue Orte, neue Menschen, neue Fähigkeiten zu entdecken, warum nicht? Ich möchte mich und meine Liebsten wirklich ungern in einer Lebenssituation wiederfinden, in der sich nicht jeder genau richtig fühlt. Dafür ist das Leben doch zu kurz, oder nicht?

Ein älterer Arbeitskollege beispielsweise vertraute mir einmal an, dass er seinen Job mittlerweile richtig hasse. Er zähle nur noch die letzten Jahre bis zur Rente runter. Und dann gehe es endlich los! Vermutlich hatte er zu große Angst, keinen neuen Arbeitsplatz zu finden, oder Angst vor der Veränderung. Denn wenigstens wusste er in der Situation, in der er war, was jeden Tag auf ihn zukommt. Auch, wenn er das, was er jeden Tag erlebte, scheiße und langweilig fand. Und dafür hatte ich auch irgendwie Verständnis. Und dennoch machte es mich immer wieder sehr traurig, wenn ich an seiner Bürotür vorbeiging und ihn dort still und seufzend sitzen sah. Nein, so weit wollte ich es nicht kommen lassen.

Ich trage zwei Herzen in meiner Brust. Ich bin sicherheitsliebend und sehr sachlich geradeaus. Aber ich bin auch eine Künstlerseele, die freigeistig, verspielt und sehr emotional ist. Zwischen diesen zwei Polen muss ich immer wieder neu die

Balance finden. Dem Pol der Sicherheit und dem Pol des Abenteuers den Raum geben, den sie brauchen. Denn ich brauche den Boden unter meinen Füßen, um fliegen zu können, loslassen zu können. Das eine geht bei mir ohne das andere nicht. Ich kann mich nur in die Abenteuer des Lebens stürzen, solange ich um mein Zuhause, meine Basis weiß und mit ihr alles in Ordnung ist. Die Unsicherheiten, die mit all den spannenden Erlebnissen einhergehen, könnte ich anders dann doch nicht aushalten. Und andersrum würde ich wie eine Blume eingehen, wenn ich tagaus, tagein der immer gleichen Routine nachgehen würde.

Irgendwann konnte ich mich mit diesen zwei vermeintlich gegensätzlichen Seiten so annehmen, wie ich bin. Lange dachte ich nämlich, sie wären etwas Schlechtes. Es wäre merkwürdig, immer wieder innezuhalten und zu schauen, ob ich dort, wo ich gerade stehe, auch richtig bin. Dinge in Zweifel zu ziehen. Ist meine Beziehung zu Max noch so, wie wir sie uns wünschen? Geht es ihm gut? Geht es mir gut? Brauchen mich meine Freunde? Macht mich meine Arbeit noch glücklich? Langweilt mich mein Wohnort? Fühlt sich alles noch gut an, oder sollte ich etwas ändern?

Der Cafébesitzer kommt mit seinem Tablett in meine Richtung und stellt mir eine Schale Milchkaffee und ein Tellerchen mit einem Croissant auf meinen Bistrotisch. Mh, das sieht so lecker aus. Als er wieder zurück zum Tresen geht, nehme ich den Zuckerstreuer und lasse ganz langsam die kleinen Kristalle auf meinen Milchschaum rieseln. Dann nehme ich mein Löffelchen und beginne, den süßen Schaum zu genießen.

Vielleicht brauche ich keinen Ort und keinen Besitz zum Angekommensein, nehme ich meine Gedanken wieder auf. Ich brauche Menschen. Neben meinen engsten und vertrautesten Freunden und meiner Familie ist Max für mich dieses

Angekommensein. In ihm habe ich den Menschen gefunden, mit dem ich durchs Leben gehen will. Den Mann gefunden, der mich wunderbar ergänzt. Vor allem in Hinsicht auf meine Balancefindung zwischen besagten zwei Bedürfnissen in mir. Er ist ruhiger als ich. Genügsamer und geduldiger. Etwas weniger impulsiv vielleicht, aber niemals langweilig. Er hat tolle Ideen, ist so wunderbar liebevoll und willensstark, und er ist der klügste Mensch, den ich kenne. Er ist mein Fels in der Brandung, wie man so schön sagt. Nicht nur ein großer Stein. Er erdet mich.

Max ist mein emotionales Zuhause. In seine Hände habe ich mein Leben gelegt. Das war neben dem Gedanken daran, dass ich es schön finde, wenn er, unsere Kinder und ich den gleichen Nachnamen tragen, einer der Gründe, warum ich Max geheiratet habe. Wenn mir etwas zustößt, dann soll Max derjenige sein, der über mich und mein weiteres Leben entscheiden darf. Weil ich ihm vertraue. Denn er ist die Liebe meines Lebens. Und ich die seine.

Nun sind wir beide spontan nach Bordeaux geflogen. Fast fühlte es sich an wie eine Flucht. Ein bisschen ist es auch so. Wir hatten es satt. Das Streiten, das Schweigen, das Vertragen, die Wiederholung vom Streiten, Schweigen und Vertragen. Das Sackgassengefühl. Das machte Angst. Mir zumindest. Kleine Krisen waren kein Problem für uns. Kurze Phasen, in denen einer mal Stress hat, der andere zurückstecken muss, um mit aller Kraft zu unterstützen, kennen wir und können wir gut wegstecken. Jetzt aber war es anders. Bedrohlich anders. Wir hatten beide so viel zu tun und sind in unserer Arbeit versunken, dass wir uns im Laufe der Monate aus den Augen verloren haben. Max war in Göttingen tief in seine Forschungsarbeit eingetaucht und stand sehr unter Leistungsdruck. Mich hatte mein Leitungsjob voll und ganz in Beschlag genommen. Ich hatte ein Charity-Modelabel mit eigenem Ladengeschäft auf die Beine gestellt, in dem gespendete Kleidung von den drogenabhängigen und obdachlosen Kids upgecycelt und verkauft wurde. Die Beratungsstelle brauchte außerdem ein komplett neues Team und einen konzeptionellen Neuanstrich. Ich liebte diese Arbeit. Aber sie zehrte auch an meinen Kräften und ging irgendwann an meine Reserven. Es waren also hohe Anforderungen an uns beide. Und teilweise hart an der Grenze zur Überforderung. An der Grenze zur Überarbeitung auf jeden Fall.

Denn nicht einer musste zurückstecken und dem anderen den Rücken freihalten. Wir beide mussten uns in unseren Jobs beweisen und steckten fast alle Energie dort hinein. Wir lieben unsere neuen Herausforderungen, aber der dazugehörige Stress blieb nicht aus. Am Anfang erzählten wir uns noch euphorisch von unserem Vorankommen, unseren kleinen Erfolgen. Aber mit den Wochen und Monaten versank jeder von uns Schritt für Schritt in seiner eigenen Welt aus Arbeit, Kollegen, Stress, Zeit- und Erfolgsdruck. Und das jeder in seiner Stadt. Wir verschoben unsere gegenseitigen Besuche immer öfter. Fingen an, uns wegen Kleinigkeiten am Telefon zu streiten. Anstatt uns zu sagen: »Du fehlst mir, nimm bitte den nächsten Zug und komm her!«, zofften wir darüber, wer vergessen hatte, dem Patenkind ein Geschenk zu besorgen, oder darüber, dass der eine zum verabredeten Zeitpunkt doch nicht telefonieren konnte. Wir waren zeitgleich in einer Phase, in der wir die Unterstützung des anderen gebraucht hätten. Die konnten wir einander aber nicht geben, weil wir damit beschäftigt waren, unseren eigenen Kopf über Wasser zu halten.

Meist bin ich diejenige, die zuerst spürt, dass die Verbindung zwischen Max und mir gestört ist, bzw. die dieses

Gefühl anspricht. Max weiß dann sofort, was ich meine, spürt es ebenso. Und normalerweise können wir die Dinge, die sich gerade blöd anfühlen oder vorgefallen sind, gut und ehrlich miteinander besprechen. Ohne riesiges Drama, sondern mit dem großen Wunsch, eine Lösung zu finden.

Aber jetzt? Wir waren ungeduldig miteinander. Nahmen es unterbewusst dem anderen doch übel, dass er sich selbst wichtiger nahm, als dass er es schaffte, für den anderen da zu sein. Ein »Ich bin zu müde zum Telefonieren, können wir es auf morgen verschieben?« führte zu einem großen Streit darüber, wer für wen wann und wie oft schon trotz Müdigkeit oder anderer Wehwehchen da gewesen war. Wenn wir uns sahen und der eine doch keine Energie aufbringen konnte, wie besprochen für beide zu kochen, wurde sich gegenseitig vorgerechnet, wer wem wie oft denn schon irgendwas zu essen gemacht hatte. Anstatt einfach eine Pizza zu bestellen, kämpften wir gegeneinander. Wegen Kleinigkeiten. Stritten darum, wem es schlechter ging, wer weniger geschlafen hatte, dem größeren Druck ausgesetzt war. Verirrten uns in Symptomstreitereien. Und so entwickelten wir uns von einem gut funktionierenden Team zu Gegnern.

Es wurde schwieriger, liebevoll miteinander ins Gespräch zu kommen, weil das vorige Gespräch mal wieder zu einem Kampf geworden war. Zu sehr standen wir unter Druck, zu sehr waren wir vom Rest der Welt angestrengt. Und das ließen wir aneinander aus. Wahrscheinlich auch, weil wir wussten, dass unsere Beziehung viel aushalten kann. Aber wir strapazierten es langsam über.

Wir sprachen nur noch wenig miteinander. Also wirklich miteinander. Ich fing an, meine Freunde mit ins Boot zu holen. Sie konnten die Energie auftreiben, um mich bei dem, was mich beschäftigte, zu unterstützen. Mit mir überlegen, wie ich mit dem Mitarbeiter umgehen sollte, der seine Arbeit nicht so machte, wie es für mich und die Einrichtung erforderlich war. Aber sie hörten auch, wie ich immer öfter über Max und mich sprach. Erst gekränkt, dann wütend, irgendwann besorgt.

Ich wurde zickig, und er wurde still. Mit den Wochen wuchs meine Wut, dann aber auch meine Angst, dass wir irgendwann komplett aufhören würden zu streiten. Weil es uns egal wurde. Der andere und wir beide uns egal wurden. Oft war ich es, die einen Streit begann. Um zu testen, ob es ihn noch interessierte, wenn ich genervt war, aufbegehrte. Besser negative Aufmerksamkeit als gar keine, dachte sich mein Unterbewusstsein wahrscheinlich. Eine beschissene Lösung, um ehrlich zu sein, überhaupt keine. Keine konstruktive jedenfalls. Doch auch, wenn ich ganz ruhig ansprach, was mich störte, hatte ich das Gefühl, es kam nicht bei Max an. Jedenfalls nicht wirklich. Und nicht richtig. Und andersrum genauso. Oder war es nur der falsche Zeitpunkt? Der falsche Moment? Ich weiß es nicht. Ich weiß nur, dass ich immer mehr das Gefühl bekam, wir würden Stück für Stück kaputtgehen, und dass ich Angst bekam, meine schönen und liebevollen Gefühle für Max und uns nicht mehr wiederzufinden.

So fühlt sich scheinbar eine richtige Beziehungskrise an. Bei uns weniger durch ein Ereignis als durch Lebensumstände hervorgerufen, die uns scheinbar total überlasteten und auch überforderten. So sehr, dass wir Feinde wurden, obwohl wir uns gegenseitig als Verbündete wünschten. Die Enttäuschung über die Tatsache, dass wir nicht hundertprozentig krisenfest waren, machte mich traurig. Oder waren wir krisenfest, weil wir zumindest bis jetzt durchgehalten hatten? Weil wir noch bereit waren, miteinander zu reden? Oder noch nicht bereit waren, nur noch zu schweigen? Obwohl ein Teil von uns schon versucht war, zu resignieren? Sich fragte, wie lange das noch gut gehen würde? Wir aneinander festhielten, obwohl es gerade so beschissen lief? Wann hatten wir das letzte Mal ausgelassen und laut miteinander gelacht? Wann uns das letzte Mal wirklich und voller Liebe in die Augen gesehen? Vielleicht traute ich mich auch nicht mehr, wirklich hinzusehen? Denn diese Blicke gab es schon zu lange nicht mehr. Sie fehlten mir. So sehr. Max fehlte mir. Und mit ihm unsere wortlose Geborgenverbundenheitsnähe.

In guten wie in schlechten Zeiten. Da sind sie, die schlechten Zeiten. Herzlich willkommen. Nicht. Denn sie sind viel schmerzvoller als gedacht. Sich voneinander zu entfernen tut weh. Es tut weh, dass wir es haben so weit kommen lassen. Ich dachte, schlechte Zeiten hätten wir schon durchlebt. Denn natürlich gab es Streitereien über Dinge, die einer von uns gesagt oder getan hatte. Anlässe. Konkretes. Aber jetzt fehlte irgendwie beides. Das Greifbare. Es war nur ein Gefühl. Ein gekränktes, wundes und dumpfes Gefühl. Resignation. In diesem Gefühl gefangen, fällt es schwer, an die guten Zeiten zu denken, die es mal gab, und daraus Hoffnung für die Zukunft zu schöpfen. Mich machten die Gedanken an unsere frühere Leichtigkeit, unser gemeinsames freies Sein und das liebevolle Zusammen-schweigend-an-die-Decke-Gucken eher unsagbar traurig. So weit weg schien diese Zeit. Ob wir das schöne Gefühl zueinander wiederfinden würden? Hieß es »nur« durchzuhalten?

Wir waren fertig. Leer. Von unserem Alltag und vom Reden. Vom Reden darüber, wer wen wann verletzt hatte. Wer, wie, wann rücksichtslos gewesen war. Warum wir uns vom anderen wie, wann und warum nicht mehr gesehen gefühlt hatten. Dass wir einander noch liebten. Uns nicht trennen wollten. Uns endlich wiederfinden wollten. Aber noch so leer waren von allem. Es war alles gesagt, und nun schwiegen wir. Waren müde.

»Wir fliegen nach Bordeaux. Ich war noch nie da, aber ich glaube, dort ist es schön. Machen wir das? Nächsten Freitag geht ein Flug«, sagte ich eines Abends, als ich, im Netz surfend, auf Max' WG-Sofa in Göttingen saß und er Fußball auf der Konsole zockte. »Okay«, antwortete Max.

Und so standen wir am folgenden Freitag sehr früh auf und saßen um 6:10 Uhr mit zwei Handgepäckkoffern im Flugzeug von Berlin nach Bordeaux. Wir schwiegen immer noch. Aber es wurde langsam zu einem versöhnlichen Schweigen. Zu einem Schweigen, das zum Heilen dazugehörte. Ich fühlte mich noch immer furchtbar matt und wund. Aber ich wusste, dass der Tiefpunkt erreicht war und es nur noch ein »Bergauf« gab. Die Daten für die Forschungsarbeit waren erhoben, in meiner Straßenkindereinrichtung war der Alltag eingekehrt. Es gab wieder Zeit. Zeit für uns.

Max und ich haben im *WDR* mal eine Dokumentation über das Heiraten gesehen. Und dort gab es einen Hochzeitsfotografen, der von seinem Job erzählte – aber auch aus seiner Perspektive als verheirateter Mann berichtete. Und dieser Mann sagte etwas so Simples, dass wir beide erst lachen mussten. Er sagte: »Wollt ihr wissen, wie es klappt, ewig zusammenzubleiben? Trennt euch einfach nicht. Bleibt zusammen, auch wenn es euch gerade so richtig schwerfällt. Ich war mit meiner Frau zweimal an dem Punkt in den letzten Jahren, an dem wir beide dachten, es würde nicht mehr weitergehen. Aber wir blieben einfach zusammen, und im Nachhinein bin ich so dankbar um unsere Entscheidung. Unsere Beziehung hat sich immer weiterentwickelt, und gerade haben wir zum Beispiel seit zwei Jahren eine besonders schöne Phase miteinander. Unsere Beziehung ist über die Jahre noch mal viel tiefer geworden. Ich hätte niemals gedacht, dass so eine Verbindung mit einem anderen Menschen möglich ist. Und das hätte ich niemals erlebt, wenn wir uns getrennt hätten.«

Mir haben seine Worte so viel Mut gemacht. Und Max und ich haben damals noch einmal mehr beschlossen, es ihm und seiner Frau gleichzutun. Wir trennen uns einfach nie wieder.

Max und ich haben uns ja schon einmal während des Studiums getrennt. Und im Nachhinein war es eine wichtige Trennung, die wir beide nicht missen wollen. Denn wenn man mit achtzehn ein Paar wird, kann es auch wichtig sein, nach einiger Zeit wieder ein paar Schritte alleine durchs Leben zu gehen, um herauszufinden, wer man abseits vom »Wir« eigentlich noch so ist.

So wichtig ganz eigene Schritte ohne den anderen in der Vergangenheit für uns auch waren, ist eine weitere Trennung keine Option. Man soll nie nie sagen, aber Max und ich haben eine andere Idee für uns als Paar. Wir wollen alle Hürden miteinander meistern. Uns im besten Fall alle Wünsche innerhalb unserer Beziehung erfüllen. Und damit meine ich nicht, dass ich alle Bedürfnisse von Max erfüllen muss und andersrum. Sondern, dass wir uns so viele Freiheiten geben können wie nötig und möglich, um weiterhin miteinander durchs Leben zu gehen und das Gefühl zu haben, die Dinge, auf die wir neugierig sind, auch ausleben zu können. Das bezieht sich nicht ausschließlich auf unsere sexuell offene Beziehung. Sie ist nur eine Konsequenz. Ich meine mit offener Beziehung vor allem die Offenheit miteinander, über das, was uns bewegt, unsere Wünsche und Sehnsüchte sprechen zu können. Zu dürfen. Egal, wie viel Angst sie machen und wie unbequem sie sind. Ein gemeinsames Leben ohne Zensur. Das bedeutet wahrscheinlich Mut. Und Durchhaltevermögen. Das spüre ich jetzt. Aber es bedeutet auch, einen Menschen an meiner Seite zu haben, dem ich alles sagen kann. Und damit meine ich wirklich alles.

»Wollen wir los?«, fragt mich Max, der plötzlich hinter mir steht und mir seine Hand auf die Schulter legt. Ich zucke zusammen. Ich habe ihn überhaupt nicht kommen sehen, so sehr war ich in Gedanken und in das Beobachten der am Café vorbeischlendernden Leute vertieft. »Ähm, ja, okay«, erwidere ich matt. Ich fühle mich ein bisschen, als wäre ich gerade geweckt worden und noch nicht ganz wach. Ich gucke auf den kleinen Teller, auf dem mein Kassenbon liegt. Café au Lait und ein Croissant. Ich beginne, mein Geld herauszukramen. Ich bin ein wandelndes Klischee. Eine Autorin, die in einem französischen Straßencafé sitzt und sich inspirieren lässt. Na ja, und auf ihren Mann wartet, der sich eine neue Sonnenbrille kauft. Wie in jedem Urlaub. Sie gehen entweder verloren oder finden nach dem x-ten Mal Kleben den Weg in die Tonne. Mittlerweile lachen wir darüber. Hier in Bordeaux hat er seine Sonnenbrille direkt zerbrochen aus dem Koffer geholt. Neuer Rekord. »Und, was gefunden?«, frage ich und stehe auf. »Ja, hier sehen Sie Modell Nummer neunzehn«, antwortet er mit einem schiefen und irgendwie halbherzigen Lächeln und hält eine schwarze Sonnenbrille hoch. Max ist auch immer noch so halb im Eigentlich-ist-alles-gesagt-aber-ich-bin-jetzt-platt-vom-Reden-Modus. So geht es mir auch. Selbst, wenn ich mir langsam wünsche, dass es wirklich vorbei ist und diese Phase der Krise endlich ein Ende hat. Wir schlendern langsam in Richtung unserer Ferienwohnung, die gleich hinter der großen Kathedrale von Bordeaux liegt. Ein wirklicher Glücksgriff. Wir wohnen in einem der historischen

Häuser mit einer kleinen, steinernen Wendeltreppe, die nach oben in unsere süße Wohnung führt.

Als wir durch eine weitere Gasse gehen und auf den riesigen Kirchenplatz gelangen, hören wir Musik. Sie kommt vom anderen Ende des Platzes. Bläser, sogar richtig viele. Noch können wir nicht erkennen, wer dieses Spektakel, das immer näher kommt, veranstaltet. Wortlos, aber zielsicher gehen wir direkt zu dem kleinen Menschenauflauf, der sich rund um die Big Band gebildet hat. Ungefähr zwanzig junge Frauen und Männer in bunten Hippieklamotten stehen in einem Halbkreis und spielen jegliche Art von Blasinstrumenten. Eine kleine Rhythmusgruppe gibt es auch. Trompeten, Saxofone, Posaunen, Klarinetten, Tubas, alles dabei. Sie spielen laut. Und mit Leidenschaft. Und mit so viel Spaß, dass man sich nicht entziehen kann. Alle Menschen um uns herum strahlen, lachen und tanzen ausgelassen. Klatschen im Takt, fühlen die Musik, singen lauthals mit. Max und ich stehen noch stumm dazwischen. Gucken dem Treiben zu und sind noch irgendwie fehl am Platz. Langsam, ganz langsam fange ich an zu wippen, Max' Körper entspannt sich neben mir. Schulter an Schulter stehen wir, und mit jedem Takt wird es wärmer zwischen uns. Jeder Muskel, der in den letzten Monaten mit Stress besetzt war, wird nun mit Musik erfüllt. Ich kann wieder atmen. Tief und mit Euphorie. Ich fange an zu schmunzeln, und im Augenwinkel sehe ich auch Max' breites Grinsen. Diesem Moment kann man sich nicht entziehen. Aus schwer wird leicht. Genau jetzt. In diesem Moment. Auf diesem Platz. Zwischen all den Menschen. In Bordeaux. Er dreht sich zu mir um und streckt mir seine Hand entgegen. »Tanz mit mir!«, lacht er mir ins Gesicht und reißt mich an sich. Und so verschwinden wir in der Menge und der lauten Musik und unserer wiedergefundenen Leichtigkeit. Endlich. Endlich. Da sind wir wieder!

DEINE HAND

Deine Hand. So weich und so vertraut. Der Morgen versucht, sich seinen Weg in unser Schlafzimmer zu bahnen. Endlich wieder ein gemeinsames Bett. Endlich wieder eine gemeinsame Wohnung. Nur für dich und für mich. Unsere vier Wände. Hamburg, schöne Perle. Hier bin ich. Hier sind wir. Nach all der vielen Arbeit in getrennten Städten, die so viel Spaß gemacht, uns aber auch so zugesetzt hat, fühlt sich das alles an wie ein kleiner Neustart. Max' und mein Umzug nach Hamburg, ein gemeinsames Dach über dem Kopf und meine Selbstständigkeit. Ich hatte im letzten Jahr immer wieder nebenbei als Studiosängerin gearbeitet und Songs geschrieben. Und nun kam eins zum anderen. Paula, Jonas und deren Team suchten für die Musikvideoproduktionen einer ihrer Künstlerinnen Unterstützung, hier und da musste etwas eingesungen oder geschrieben werden. Und ich hatte auf all das große Lust! Meine Projekte fanden vor allem in Hamburg statt, und Max' Erhebungen an der Uni Göttingen waren abgeschlossen. Jetzt musste er alle Forschungsergebnisse zu Papier bringen, und das konnte er praktischerweise überall tun. Die Entscheidung lag also nah, nach Hamburg zu ziehen. Und das gemeinsam. Gerade nach unserer Krise wollten wir nun wieder näher beieinander sein. Und was soll ich sagen, es fühlt sich großartig an. In den letzten Wochen haben wir eingeatmet, ausgeatmet und aufgeatmet. Lange an die Decke geguckt, alles hochkommen lassen. Platz gemacht. Ideen zugelassen und Neues geschaffen. Die Ärmel hochgekrempelt, angepackt, mit leuchtenden Augen, einem »Ja« auf den Lippen. Wir sind geheilt. Aber lass uns noch ein bisschen schlafen. Noch ein bisschen träumen. Noch ein bisschen zwischen den Laken, den Welten versinken. Das Leben draußen vor der Tür darf noch warten.

Wie viele Morgen wir schon zusammen verschlafen haben. In unseren vertrauten Kissen. Mit dem Duft unseres Lebens. Unserem Zuhause. Ein Zuhause, das wir immer bei uns tragen. Egal, wo wir gerade wohnen und ob zusammen oder jeder für sich. Unser Zuhause, das sind wir. Unser Gefühl zueinander. Geschaffen in all den Jahren, in denen wir lachten, stritten, uns versöhnten, trennten, zusammenfanden, beieinanderblieben. Uns immer liebten. Ohne Zweifel. Mal ganz nah, manchmal von ganz weit weg. Mal mit dem gerade nötigen Abstand, mal in völliger Verschmelzung. Aber Liebe war es immer.

Deine Hand. So weich und vertraut. Sie sucht sich ihren Weg unter mein Shirt und bleibt auf meiner Taille liegen, berührt mich ganz zart. »Guten Morgen, bist du wach?«, fragt sie sanft in meinen Schlaf hinein. Ich bin nicht sicher, ob ich noch träume. Aber dann spüre ich, wie du dich von hinten enger an mich herankuschelst, dein Gesicht in meinen Locken vergräbst und tief einatmest. Oh, du. Deine Hand schiebt sich weiter nach oben und umfasst meine Brust. Mit deinem Daumen fährst du sanft, aber bestimmt über meinen Nippel. Du weißt ganz genau, was das in mir auslöst. Du kennst mich. Mich und meinen Körper. Meinen Geist. Meine Seele. Du weißt, wie ich bin, wenn ich schön bin. Von innen heraus. Liebst dieses Strahlen. Du kennst meine Unsicherheiten, meine Makel, meine Eigenheiten. Und du kennst meine dunklen Seiten, meine Verletzungen, meine Narben. Du hast mich wütend, traurig, verzweifelt, euphorisch, überdreht und liebevoll erlebt. Du kennst mich zweifelnd und beklommen, ängstlich und schweigend. Du siehst mich, wenn ich laut, witzig, fürsorglich und einfühlsam bin. Du kennst alle meine Farben. Und ich deine.

Die Begegnungen mit unseren Affären sind das eine. Sie versprechen Neues und deshalb Aufregendes. Es geht um das leichte Spiel zwischen zwei Menschen, die sich anziehend finden, und darum, sich auch mal in andere Rollen begeben zu dürfen und zu können. Ich bin für neue Liebhaber ein weißes Blatt Papier. Sie kennen mich nicht. Beginnen erst, mich zu entdecken, herauszufinden, wer ich bin, wer ich für sie sein kann. Sie haben nur die Möglichkeit, das zu entdecken, was ich bereit bin, von mir zu zeigen. Denn ich weiß schon sehr genau, was ich für sie sein will und was sie für mich sein sollen. Ein Abenteuer nämlich. Eines, in dem die Protagonisten nicht austauschbar sind, aber ein Abenteuer, das seine Grenzen hat. Eines, das mir die Möglichkeit gibt, mich auszuprobieren, noch mehr über mich und meinen Körper, meine Sexualität zu erfahren. Neue Vorlieben zu entdecken. Denn manchmal fällt es mir tatsächlich leichter, bei einem Liebhaber neue Dinge auszuprobieren. Vielleicht auch, weil ich weiß, dass auch er mich vor allem mit sexueller Spannung verbindet und mich nicht nachts in Jogginghose mit den Zeilen eines Songtextes kämpfend vor dem Laptop vorfindet. Oder, wie ich völlig unter Zeitdruck und laut fluchend in der Wohnung auf und ab renne, die Haare wüst hochgebunden, und versuche, einen Musikvideodreh auf die Beine zu stellen. Ich bin Projektionsfläche für die Fantasien meiner Liebhaber und umgekehrt. Neben einer Freundschaft, die über die Zeit entstehen kann, bin und bleibe ich vor allem die Liebhaberin – und die Männer meine Liebhaber.

Du bist meine Liebe. Du bist das tiefe Gefühl. Du bleibst. Wenn wir miteinander schlafen, dann haben wir immer auch unseren emotionalen Rucksack dabei. Wir sind füreinander kein leeres Blatt Papier, wir sind ein in sich verschachtelter, langer Roman, mit spannenden Wendungen, Irrungen, Wirrungen und ganz vielen Emotionen. Wir sind füreinander nicht bloß Liebhaber. Wir sind Liebhaber, beste Freunde, Seelenverwandte, Familie, Homies, Berater, Psychologen und noch so viel mehr. Und genau dort entsteht für uns Nähe und Intimität. In der Summe all dieser besonderen Facetten, die nur wir in dieser Form miteinander vereinen. Ich habe Freunde, die ich als meine Familie bezeichne, mit ihnen schlafe ich nicht. Und es gibt Männer, mit denen ich schlafe, die ich aber niemals bedingungslos in meine Seele blicken lasse. Diese tiefe emotionale Bindung und das über die Jahre gewachsene Vertrauen, mit dem du und ich uns begegnen, ist für uns das eine, das uns exklusiv füreinander macht. Und selbst wenn wir wollten, könnten wir es so auch niemals mit jemand anderem erleben. Weil unsere Verbindung einmalig ist und so tief, dass ich mir gar nicht vorstellen kann, wie ein anderer Mensch deinen Platz in meinem Leben nur annähernd einnehmen kann.

Ich liebe es, wenn du und ich uns durch unsere Körper, unsere Blicke und unsere Berührungen unsere Liebe zeigen, ohne dass es viele Worte braucht. Ich fühle nicht weniger Intimität dir gegenüber als zu der Zeit, in der wir noch monogam zusammenlebten. Zumal sich unsere intimen Liebesmomente, wie wahrscheinlich bei den meisten anderen Paaren auch, nicht nur auf das Bett beziehen. So fühle ich mich dir besonders nah, wenn wir in stundenlangen Gesprächen über das Leben versinken oder einfach nebeneinandersitzen und gemeinsam schweigen. Und auch, wenn wir zusammen lachen und die Einzigen sind, die wissen, worum es geht. Oder neulich, als wir auf Helens dreißigstem Geburtstag so ausgelassen und bescheuert getanzt haben, als gäbe es nur uns beide. Das war so schön! Dass wir beide nach all den Jahren noch so verliebt sein können, rührt mich immer wieder und macht mir so viel Mut.

Ich kann gleichzeitig verstehen, dass viele schon die Vorstellung davon, wie der Freund oder die Freundin jemand anderen küsst, ganz, ganz furchtbar finden. Weil ein Kuss so viel Gefühl transportieren kann. Ja, das kann er. Er kann Liebe transportieren. Er kann die gegenseitige Lust zeigen. Begehren. Zuneigung. Auch ohne, dass Liebe im Spiel ist oder ins Spiel kommt.

Ich glaube, ich kann gut damit umgehen, dass du andere Frauen küsst, weil ich weiß, dass du nur mich so küsst und küssen kannst, wie du es tust. Weil du mich liebst.

Du liebst die anderen Frauen nicht. Vielleicht bist du mal in eine von ihnen verknallt oder verliebst dich für einige Zeit. Aber das, was wir haben, ist unantastbar. Da habe ich das größte Vertrauen.

Meine Gefühle, die ich wiederum einem Mann gegenüber habe, der nicht du bist, geben mir ebenso Vertrauen. Denn ich kann eine Wahnsinnsnacht mit jemandem verbracht haben, den ich begehre und auch sonst total toll finde. Ich kann Tage später noch immer an diese Nacht denken, einer weiteren Begegnung entgegenfiebern und aufgeregt sein. Vielleicht sogar auf einer verknallten Wolke schweben. Und trotzdem ändert das nichts an meiner Liebe zu dir. Der Liebe, die ich für dich empfinde, wird in meinem Herzen nichts abgezogen. Es ist nicht plötzlich weniger da. Wieso denn auch? Und wie genau sollte das funktionieren? In meiner Welt funktioniert die Liebe so nicht. Ich kenne kein einziges Elternteil, das nach dem zweiten Kind je gesagt hätte, das erste Kind hätte nun einen weniger großen Platz im eigenen Herzen und würde weniger geliebt werden. Liebe ist etwas, das wächst.

Deine Hand. Sie zieht mich noch enger an dich heran. Dann schiebst du sie unter mein Höschen und streifst es mir langsam ab. Du fährst meine Kurven von meinem Oberschenkel hinauf zu meinem Po und meiner Taille, drückst dich ganz fest an mich. Ich höre dein erregtes leises Atmen. Ich liebe es, wenn wir uns langsam miteinander und ineinander fallen lassen. Ganz ohne Druck, ganz ohne Angst.

Liebe und Angst sind so eng miteinander verknüpft. Diverse Küchenweisheiten, in Form von Postkarten oder gedankenvollen Facebookposts, lehren uns: »Das Gegenteil von Liebe ist nicht Hass, sondern Angst«. Oder so etwas wie: »Lass deine Liebe und dein Vertrauen größer sein als deine Angst«. Ich selbst bin nur selten Fan von solchen Sprüchen, obwohl ich mich beim Songwriting ab und an auch mal an Plattitüden bediene. Vor allem dann, wenn es um Schlagertexte geht. Dem wahren Kern dieser kitschigen Aussagen kann ich mich aber nicht verwehren. Und auch ich kenne die Angst, die mit der Liebe einhergeht. Denn ich selbst wäre in den ersten Jahren unserer Beziehung viel zu unsicher und ängstlich gewesen, dir Sex oder auch nur einen Kuss mit einer anderen Frau zu erlauben. Nichts lag mir damals ferner, als über eine offene Beziehung allein nur nachzudenken. Nur in dem vermeintlich geschützten Rahmen der Monogamie konnte ich mich mit dir einigermaßen sicher fühlen. Wobei einen eine solche Vereinbarung ja auch nicht gänzlich von der eigenen Unsicherheit und damit meist einhergehenden Eifersucht befreit. Um die musste ich mich schon selbst kümmern. Auch wenn es sehr schmerzvoll war, dem Ursprung der eigenen Angst auf den Grund zu gehen.

Doch es war wichtig, nicht dich in die Verantwortung zu nehmen. Dich und dein Verhalten nicht so zu formen, dass meine eigene Angst den Takt angab. Meine Verlustangst und den Irrglauben, dass ganz dolles Festhalten den anderen daran hindern könnte zu gehen, nicht überwiegen zu lassen.

Bevor wir uns damals verliebten, habe ich geglaubt, dass Beziehungen auf lange Sicht sowieso auf verletzende und schmerzliche Weise enden. Neben unsagbar verliebt war ich am Anfang unserer Beziehung auch angespannt. Weil ich unterbewusst immer wieder Angst hatte, es könnte jeden Moment vorbei sein. Ich konnte noch nicht darauf vertrauen, dass das mit dir und mir tatsächlich halten würde. Wie auch? Das Drama der Trennung meiner Eltern lag erst wenige Jahre hinter mir. Es hatte beachtliche Spuren hinterlassen. Ich war noch mitten im Heilungsprozess. Deshalb habe ich dich erst einmal sehr festgehalten. Wenn wir beide nicht mit der Zeit gelernt hätten, einander bedingungslos zu vertrauen, wäre unsere Liebe sicher mit der Zeit zerbrochen. Wenn die Angst regiert, wird die Liebe für beide zur Fessel. Sie ist nicht mehr frei und echt. Sie wird zur Regel. Sie wird zum Zweifel. Sie wird zur Reue. Sie wird zur Lüge.

Diese ersten Jahre waren so heilsam für mich. Ich glaube, für dich auch. Wir haben gelernt, dass wir anders als unsere Eltern sind und ein gemeinsames Leben zusammen schaffen können. Wir haben herausgefunden, was wir beide brauchen, um unsere Verbindung, unsere Beziehung und unsere Ehe so zu leben, dass sie zu uns passt und wachsen kann. Wir uns nicht verlieren. Wir haben gelernt, dass wir auf uns als Paar vertrauen können. Und, dass wir uns selbst vertrauen können. Ich mag mich, und du magst dich. Wir lieben uns selbst, den anderen und das, was wir haben.

Deine Hand. Sie streicht meine Haare zur Seite, sodass du meinen Hals mit deinen Lippen berühren kannst. Meine linke Hand greift sanft hinter mich und zieht dir langsam die Boxershorts runter. Du hilfst mir dabei. Bei alldem bleiben wir uns so nah, wie es irgendwie geht. Unsere Körper wollen heute besonders eng beieinander sein. Sich spüren, zusammen sein, an diesem verschlafenen Morgen. Noch ein bisschen zwischen den Laken, den Welten versinken. Ineinander versinken. Miteinander verschmelzen. Und das tun sie jetzt ganz von allein. Das Leben draußen vor der Tür darf noch warten.

FEUCHTE FILMPREMIERE

Berlin. Herbst. Roter Teppich. Filmpremiere.
Ich bin mit Paula und Jonas auf diesem Event. Wir haben ein wenig Musik zum Film beigesteuert und hatten Lust auf einen schönen gemeinsamen Abend mit ein bisschen Glamour. Zwar bin ich gerade erst aus Berlin weggezogen, aber das Wiedersehen mit der Stadt tut trotzdem gut. Wir laufen über den roten Teppich des Sony Centers, schauen uns mit allen geladenen Gästen den Film an und fahren danach mit dem Shuttle Service zur Premierenfeier. Die findet in einem Nobelschuppen in Mitte statt. Diese Art Laden, in dem sie Häppchen herumtragen und es Kerzen auf den Klos gibt. Dicke Egos in Anzügen schieben sich durch die Räumlichkeiten, und ich frage mich, ob sich die steife Stimmung heute noch in Ekstase auflöst. Ich trinke Moscow Mule. Viele. Und ich beobachte. Die Pseudowichtigen, die Groupies, die Schönen und die Reichen. Paula und ich lästern ein bisschen. Auch das muss sein. Denn so richtig witzige Leute, mit denen man auf der Tanzfläche abspacken könnte, haben wir noch nicht gesichtet. Ich dachte, das Showbusiness wäre spaßiger drauf. Jonas hat Freunde getroffen und steht irgendwo an der Bar. Irgendein Noah und seine Freundin, meinte Paula, nachdem sie uns neue Drinks geholt hat. Noah ist wohl auch ein Songwriter und Musiker aus Hamburg. Mal sehen, vielleicht läuft man sich ja später noch mal über den Weg.
Nach und nach gehen die Anzugträger, und die Tanzfläche füllt sich. Ich tausche High Heels gegen Sneakers. Ich tanze, trinke Kurze mit Paula und irgendwelchen Filmmenschen,

die sich doch als sehr witzig herausstellen, und beginne, wirklich Spaß zu haben. Endlich.

Ausgelassen und frei bewege ich mich nun zwischen all den anderen zur Musik und fühle mich großartig. Und plötzlich ist er da. Alleine. Groß, blond, jung und irgendwie verwegen. Garantiert Schauspieler. Er tanzt mit halb geschlossenen Augen. Mein Körper bewegt sich langsam zu seinem. Er ist ebenso ausgelassen und entspannt. Wir sehen uns an. Gucken und tanzen. Unsere Körper entscheiden. Eng aneinandergedrückt bewegen wir uns zum Takt. Ganz von alleine. Ohne zu denken. Und spätestens, als ich diesen schönen Mann in dieser tanzenden Umarmung einatme, will ich ihn.

Wir gehen auf die Terrasse. Es ist so spät, dass wir die Aufpasser überreden müssen, noch eine rauchen zu dürfen. Wir kennen mittlerweile unsere Namen, wissen, dass er viel jünger ist als ich, und erzählen uns, was wir so machen. Leon ist Schauspieler. Überraschung. Ich erzähle, dass ich irgendwie was mit der Filmmusik zu tun habe, und gucke ihm dann beim Reden zu. Ich wäge ab. Es ist spät. Ganz zu ihm fahren will ich nicht. Ich muss morgen wieder früh zurück nach Hamburg, und das Hotelzimmer teile ich mir mit Paula.

Leon unterbricht sich und meine Gedanken und fängt an, mich zu küssen. Gute Küsse, fordernde Küsse. Das mag ich. Er sagt mir, dass das alles für ihn sehr aufregend sei. Er sei noch sehr unerfahren. Süß. Wir küssen uns, bis die Aufpasser uns auffordern, reinzugehen, weil sie langsam die Party beenden wollen. »Wir gehen jetzt auf eine dieser Nobeltoiletten«, flüstere ich, »oder ist dir das zu aufregend?«

Wir schließen die Tür. Ich stehe mit dem Rücken an sie gelehnt, Leon an der Wand gegenüber. Wir gucken uns an. Unter seinen Blicken ziehe ich die Schuhe aus und streife die

Strumpfhose ab. Dann mein Höschen. »Komm her«, fordere ich ihn auf.

Die süßen Küsse überspringen wir. Wild und aufgeregt suchen unsere Zungen einander. Mal sind sie eng umschlungen, mal provozieren sie sich gegenseitig, während wir uns in die Augen schauen.

Ich ziehe Leon eng an mich und umfasse seinen Po, spüre seinen hart gewordenen Schwanz. Seine Hände sind bereits überall unter meinem Kleid. Meinem runden Po, meinem viel zu weichen Bauch. Leon tastet nach meinem BH und öffnet ihn umständlich. Ich muss schmunzeln, immer das Gleiche. Dann greift er nach meinen Brüsten, streichelt sie sanft und reibt meine Nippel zwischen seinen Fingern. Das macht mich wahnsinnig. Genau das flüstere ich ihm ins Ohr.

Ich öffne seine Hose und beginne langsam, seinen Penis zu massieren. Erst sanfter, dann greife ich fester zu und bewege meine Hand auf und ab. Er mag das.

Mit der anderen Hand nehme ich seine und schiebe sie langsam zwischen meine Beine. Ich gucke Leon fest in die Augen, während ich seine Finger Zentimeter für Zentimeter tief in mich gleiten lasse. Als er merkt, wie feucht ich bin, stöhnt er leise unter meinen Blicken auf. Ich liebe diesen Moment. Sein Schwanz in meiner Hand wird noch ein bisschen härter. Leons Finger in mir locken mich und bewegen sich gleichzeitig immer schneller, sodass mir der Atem stockt und mir ein kleines bisschen schwindelig wird. Ich will Leon in mir. Jetzt. Als könnte er Gedanken lesen, lässt er von mir ab, setzt sich auf den Klodeckel, sucht das Kondom in seiner Hose und streift es über. Dann zieht er mich zu sich.

Ich schiebe mein Kleid hoch und setze mich ganz langsam auf ihn. Wir halten beide die Luft an. Dann fangen wir endlich an, uns zu bewegen. Langsam geht jetzt auf keinen Fall mehr. Wir werden schneller, unser Stöhnen wird lauter, und es wird immer heißer in der Kabine. Irgendwann rinnt mir der Schweiß zwischen den Brüsten hinunter, und die Haare kleben mir im Gesicht. Egal. So egal. Leon umfasst meine Hüfte und zieht mich bei jedem Stoß so fest an sich wie möglich. Wir ficken und geben uns hin. Zwischendurch gucken wir uns immer wieder an und müssen beide grinsen. Dann wird die Lust wieder so groß, dass wir selbst das nicht mehr hinkriegen.

Ich will, dass er mich von hinten nimmt, und stehe auf, ziehe Leon hoch. Er versteht schnell, schiebt mein Kleid hoch, dringt langsam in mich ein und beginnt, sich wieder zu bewegen. Ich halte mich an der Ablage über der Toilette fest. Seine Stöße werden jetzt immer tiefer und schneller. Lange wird es nicht mehr dauern, bis er kommt. Für mich kein Problem, ich kann unter diesen Bedingungen eh nicht richtig kommen. Ich brauche sonst zarte Berührungen. Härteres Vögeln löst in mir eher einen kleinen, latenten Ganzkörperdauerorgasmus aus.

Als er jetzt auch noch mit einer Hand meine offenen langen Haare zu einem Zopf dreht und fest an ihm zieht, verstärken sich meine Ganzkörperdauerorgasmuswellen noch mehr, und ich kann spätestens jetzt nicht mehr leise sein. »Fick mich«, stöhne ich und merke, wie Leon mich schon gar nicht mehr richtig hören kann. Immer tiefer, immer schneller, geile Ekstase, bis er innehält und ich spüre, wie sein Schwanz in mir pulsiert. Auch diesen Moment liebe ich.

Wir kichern und knutschen wie Teenager, als wir völlig verschwitzt aus unserem Rausch aufwachen und uns umständlich wieder anziehen.

Als wir wieder draußen vor der Partylocation stehen, an diesem frühen Herbstmorgen, vermisse ich Berlin. »Sehen wir uns wieder?«, fragt Leon. »Bestimmt«, antworte ich. Seine Freunde stehen neben anderen Partygästen herum und warten auf ihn. Wahrscheinlich müssen sie jetzt noch zur After Hour Party, wie es sich für richtige Hipster gehört. Nicht für mich, ich steige in ein Taxi und lasse diese besondere Nacht hinter mir. In ein paar Stunden fahre ich zurück nach Hamburg, zu Max und in unser neues Zuhause.

ALLE ZWEI WOCHEN

Freitagnacht. 2:20 Uhr. Frühlingshaftes Hamburg. Eine der Tanzkneipen auf St. Pauli. Paula und ich kommen endlich an der Theke an. Wie immer ist es viel zu voll und ohne einen Schwips wohl nicht zu ertragen. Der nächste Schnaps muss her. Die Leute sind gut drauf, und wir sind es auch. Vorher geiles fettiges Essen und ein bisschen Barhopping, so wie es sich gehört. Ich liebe diese »Sich-einfach-treiben-lassen-Abende«. Alles kann passieren, alles ist möglich. Die Welt ist groß, und wir sind wunderschön!

Das findet auch ein großer, gelockter Typ. Er verwickelt Paula in ein Gespräch über Whiskey und bestellt uns allen einen Kurzen. Bah. Aber er ist nett und sie angetan, also trete ich zurück und lasse die beiden mal machen. Auch das gehört sich so. Ich brauche eh eine Pause, lehne mich zwischen irgendwelchen Menschen an die Wand und checke mein Telefon. Als ich es wieder wegstecke und mich umsehe, steht ein Typ neben mir.

Jung, süß, dunkelhaarig und nicht viel größer als ich. Ich bin recht klein, also ist die Größe des Mannes in dieser Hinsicht sowieso nebensächlich. Wir kommen ins Gespräch. Wie, weiß ich nicht mehr. Irgendein Nonsens wahrscheinlich. Aber dann spielen wir Berufe-, Alter- und Sonst-was-Raten und haben sehr viel Spaß. Ich bin schnell. Kai ist Physiker, fünfundzwanzig und kommt auch aus Hamburg. Er verzweifelt an mir. Das bin ich gewohnt. Zum einen halten mich viele für ein paar Jahre jünger, als ich eigentlich bin (yeah!), und zum anderen habe ich mittlerweile in so unterschiedlichen kreativen Projekten zu tun, dass man sie nicht sofort erraten kann. Kai ist sehr schlagfertig und witzig. Sexy Mischung. Dabei noch sehr grün hinter den Ohren. Das macht ihn noch ein bisschen süßer. Wobei man Männer ja niemals süß nennen darf, das mögen die meisten nicht.

Solche Kennenlerngespräche mag ich. Sie sind leicht und versprechen Ausgelassenheit. Ich werde heute noch ganz viel mit Kai lachen, knutschen und fummeln, aber nicht mit ihm nach Hause gehen. Nicht, weil ich nicht wollte, sondern weil betrunkener Sex um vier Uhr morgens nicht wirklich geil ist. Das habe ich mit den Jahren gelernt und mache nur äußerst selten eine Ausnahme. Außerdem glaube ich, dass ich ihn öfter sehen wollen könnte. Und wenn ich das erste Mal mit einem neuen Mann ins Bett gehe, will ich das richtig genießen und am nächsten Morgen nicht verkatert aufwachen und mich wegwünschen müssen.

Was wir außerdem heute Abend noch tun werden, ist darüber zu reden, dass zumindest ich nur für Sex und eine schöne und aufregende, aber unverbindliche Zeit zu haben bin. Für Affären gibt es bei mir, wie schon erklärt, klare Regeln. Denn sie haben das Potenzial, gehörig in die Hose zu gehen – und das nicht nur im positiven Sinne. Ich will keine Dramen. Keine verletzten Gefühle. Keine falschen Vorstellungen oder Hoffnungen. Ich mag Klarheit und hasse Spielchen.

Schade bis ätzend ist es für mich dann, wenn mein Gegenüber der Meinung ist, er könne sich vielleicht so in mich verlieben, dass er mehr wolle, oder brauche ein offenes Ende und möchte sich deshalb nicht auf mich einlassen. Ich schwanke dann immer zwischen dem Gedanken, dass er auch einfach sagen könnte, wenn er keinen Bock hat, anstatt mir so eine Story aufzutischen, und verständnisvoller Enttäuschung. Manchmal fühle ich mich richtig unempathisch. Ich bin so gerne verknallt, aber schon ewig nicht mehr auf der Suche nach Liebe. Es fällt mir tatsächlich manchmal schwer, nachzuvollziehen, wie jemand einen so schönen Moment verstreichen lassen kann, nur weil kein »Auf immer und ewig« daraus wird. Wenn ich schon voll im Verknalltheitsmodus bin, kann eine solche Absage tatsächlich für einen Netflixschokoladenschmollabend sorgen. Aber mein Ego beruhigt sich Gott sei Dank immer recht schnell und ist gespannt auf das nächste Abenteuer.

Ein paar Tage später lädt Kai mich zu sich nach Hause ein. Wir trinken Wein, unterhalten uns gut und schleichen umeinander herum. Wir wissen, dass es heute noch passiert. Neue Körper, neue Gerüche, neue Hände, neue Berührungen. Neue Lust.

Zaghafte Küsse auf seinem Sofa, die immer wilder werden. Kais Atem auf meiner Haut, seine Hände unter meinem Kleid. Ich trage Strapse und kein Höschen. Das macht ihn verrückt. Und seine Lust macht mich verrückt. Ich traue mich gerne solche Dinge. Diese Spannung im Vorfeld macht alles viel aufregender. Der Gedanke daran, wie Kai ohne jede Ahnung seine Hand wandern lässt und dann ungehindert entdeckt, wie feucht ich schon bin, macht mir schon den ganzen Tag Lust auf unsere gemeinsame Nacht. Zudem erregt mich das Spiel mit seiner Unerfahrenheit.

Ich rutsche vom Sofa runter und knie mich vor ihn, lächle ihn an und öffne seine Hose. Ziehe sie samt Boxershorts runter bis zu seinen Knöcheln. Unter Kais Blicken nehme ich seinen Schwanz in die Hand. Erregter geht nicht mehr. Ich schaue ihm in die Augen und beginne, ihn ganz langsam mit meiner Zunge von unten hochzulecken. Er ist noch angespannt, vielleicht unsicher. Heute mit viel Zeit und Hingabe, denke ich. Immer wieder lecke ich von unten nach oben bis zur Spitze. Ich spiele damit, dass ich ihn noch nicht in den

Mund nehme. Meine Zunge, meine Lippen erkunden jeden Zentimeter seines schönen Schwanzes. Noch einmal lecken, dann spürt er meine Lippen an seiner Eichel. Mit etwas Widerstand lasse ich ihn langsam tief in meinen Mund gleiten. Wir atmen beide gleichzeitig tief aus. Kai entspannt sich. Meine Zunge umkreist seine harte Erektion. Dann gebe ich ihn wieder frei. Genüsslich sauge und küsse ich seinen Schwanz hinunter, schaue ihn an. Kai spannt seine Beine an. »Sorry, ich glaube, ich …«, flüstert er … und kommt. Völlig unerwartet. Es ist ihm unangenehm. Sollte es nicht. Ich drehe mich um, nehme die Weingläser vom Couchtisch und setze mich neben ihn. »Auf eine lange Nacht«, sage ich grinsend und reiche Kai sein Glas.

Im Laufe der nächsten Wochen wird er herausfinden, dass es mir im Bett nicht darum geht, irgendwelche Leistungen abzurufen, und so können wir beide einfach nur genießen. Es gibt kein zu früh oder zu spät. Sex ist zum Entspannen da. Ich will Affären, in denen es trotz aller Unverbindlichkeit um mehr geht als um die Jagd nach Orgasmen. Ich will die Spannung des Neuen und ihm trotzdem so weit vertraut sein, dass wir uns fallen lassen können. Ich will gewollt werden. Es soll um mich gehen, genauso wie es mir um ihn geht. Kai und ich und unsere gemeinsame Zeit. Wir werden uns nur in unregelmäßigen Abständen sehen. In meinem Leben ist sehr viel los, und ich verheize die anfängliche Ekstase nicht gerne. Das Ende kommt sowieso schneller, als man denkt. Kommen wird es in jedem Fall. Das wissen wir beide.

Anfangs schreiben wir uns regelmäßig. Kai sagt mir, wie sehr er mich wiedersehen will, was er noch alles mit mir anstellen wird. Was ich mit ihm tun soll. Wir teilen Fantasien, berauschen uns, trauen uns und sinken verknallt und verschwitzt in die Kissen. Wir lernen uns immer besser kennen.

Auf allen Ebenen. Werden vertrauter, spielen uns ein. Erforschen die Körper des anderen. Können die Knöpfe immer besser drücken. Erleben Neues, finden neue Knöpfe. Wir bestellen Pizza, bleiben bis tief in die Nacht wach, schlafen ein paar Stunden und tun es dann noch mal, bevor ich wieder gehe. Ich bleibe nie länger als eine Nacht, und das höchstens alle zwei Wochen.

In der kommenden Zeit nimmt die Natur einer Affäre ihren Lauf. Erst schreiben wir uns nur noch, um uns zu verabreden. Dann fangen wir an, unsere Treffen zu verschieben, weil uns andere Dinge oder Abenteuer wichtiger werden. Der anfangs so aufregende Sex wird mit jedem Date vorhersehbarer. Das ist schade, aber ist eben, wie es ist. Besonders, wenn man nicht verliebt ist. Wir haben uns gegenseitig gutgetan. Und als es dann mit unserer Affäre zu Ende geht, ist es mit einem »Hey, ich mag dich. Es war schön. Hab es gut«.

Drei Monate später. Samstagnacht. 3:20 Uhr. Hamburg. An einer Theke in einer Tanzkneipe auf St. Pauli. Aufbauabend für Paula. Ihre Affäre endete in einem Drama. Es läuft »I will survive«. Jetzt noch ein Schnaps, und dann wird getanzt. Alles kann passieren, alles ist möglich. Die Welt ist groß, und wir sind wunderschön!

SCHWACHPUNKT

Manchmal. Manchmal treffen mich Menschen an diesem einem Punkt. Und der macht mich schwach. Wenigstens für einem Moment. Diesmal heißt dieser Moment Jack. Es ist der gleiche Frühling, die gleiche Bar, in der ich vor ein paar Wochen mit Paula tanzte und in der ich Jack an diesem Samstag für einen kleinen Augenblick begegnete. Einem Augenblick, der ausreichte, um zu verstehen, dass wir uns an einem anderen Ort, ein paar Tage später wiedersehen wollen. Das taten wir. Und Jack wurde für einige Tage mein Schwachpunkt.

Jetzt muss ich warten, bis er mir wieder egal ist. Bis ich nicht mehr in der digitalen Welt nachschaue, was er gerade macht. Wo er es macht. Mit wem er es macht. Auf der Suche nach ihm. Auf der Suche nach irgendeinem Hinweis, dass er an mich denkt. So sehr, wie ich es tue. Dass er auch immer wieder an den Bildern und Sequenzen der letzten Nacht hängen bleibt. Einzelne Sätze, Blicke, Gesten. Sein Lachen, sein ruheloser Körper neben mir in dieser Bar. Er redet und redet, raucht und raucht. Jack ist viel. So viel. Irgendwie zu viel. Genau die Überdosis, die mir jetzt zum Verhängnis wird. Jedenfalls für die nächsten Stunden. Wenn ich Pech habe, für die nächsten Tage.

Unverbindlicher Sex ist normalerweise nichts, das mich noch lange gefühlsmäßig umtreibt oder gar verwirrt. Ich sitze die Bindungshormone, die nach dem Sex ausgeschüttet werden und machen sollen, dass ich Kinder mit diesem Mann zeugen möchte, einfach aus. Dieses klitzekleine bisschen Verknalltsein ist ja in gewisser Hinsicht auch Sinn der Sache, und so genieße ich es, so kurz es eben dauert.

Für mich ist es ganz normal, einen Mann in meiner Stammdatekneipe in Hamburg zu treffen. Erste Dates habe ich immer erst einmal in einer Kneipe. Auch, weil es mir sicherer erscheint, als sich gleich bei ihm zu Hause zu treffen, aber vor allem, weil ich erste Dates liebe und zelebrieren will. Diese süße Aufregung, die ich den Männern nicht zeige, sondern hinter meiner souverän starken, aber nicht unnahbaren Fassade verstecke. Darin bin ich mittlerweile Meisterin. Die Oberhand zu behalten. Den Abend so zu lenken, wie ich es will. Es amüsiert mich, wie das Spiel des Abends seinen Lauf nimmt. Wir rauchen, wir trinken, wir reden, wir gucken, wir küssen, wir gehen zu ihm oder ins Hotel. Manchmal schlage ich einen anderen Ort vor. Wir küssen, wir ziehen uns aus, wir lecken, wir ficken, wir kommen, wir lachen, wir reden, wir schlafen. So läuft das. Und es läuft gut. Unkompliziert und mit diesem kleinen Kick, der die Sache so spannend macht. Und am nächsten Tag bin ich wieder in meiner eigentlichen Welt. Und freue mich auf das nächste Mal.

Aber manchmal. Manchmal begegne ich Männern wie ihm. Männern, die mein System aushebeln und mich überraschen, mich überrumpeln, mich überfordern. Anders sind oder anders handeln als vermutet. Die mich wie aus dem Nichts an sich ziehen und leidenschaftlich küssen. Einfach, weil sie es wollen. Sie lenken. Für Jack war es das Selbstverständlichste der Welt, mich und alles an diesem Abend zu lenken. Und er lenkt in eine ganz besondere Richtung. Er baut Intimität auf. Und das ist mein Schwachpunkt.

Wenn Intimität dazukommt, verändert sich etwas. Die Gespräche, die Gesten, das Lachen, die Küsse, der Sex. Alles wird nah. Pseudonah. Aber nah. Und das ist es, was in diesem Moment wichtig ist. Nur diese eine Person rückt für ein paar Stunden in den Fokus. Als würde es nur uns geben. »Wir kennen uns schon«, sagt Jack zu mir, als wir uns tief in die Augen sehen und glauben, uns schon in einem anderen Leben begegnet zu sein. Und ja, es mag das Cheesigste auf der Welt sein, so etwas zu sagen. Aber erst morgen. Heute, hier und jetzt ist es wahr.

Und so wird auch der Sex zum einzigen Rausch. Zum Liebesrausch. Denn für diese eine Nacht lieben wir uns. Eng umschlungen, verletzlich, zart und wild. Versunken in unsere gemeinsame Welt, in der wir uns erkennen, während du langsam in mich eindringst. Jede Bewegung eine Offenbarung. Jeder Orgasmus eine weitere Verschmelzung. Und gleichzeitig ist jeder Kuss ein kleiner, schmerzhafter Abschied. Weil jeder Moment schon wieder vorbei ist, sobald er gekommen ist.

Und jetzt? Jetzt muss ich warten. Warten, bis es nachlässt. Dieser mentale Kater der Sehnsucht nach dieser Nacht. Ich will den Rausch. Genau diesen Rausch noch mal.

Morgen wird mir langsam klar werden, dass er eben nicht nur Sympathie, sondern eben genau diese konstruierte Nähe braucht, um guten Sex haben, sich fallen lassen zu können. Mich als Projektionsfläche seiner Sehnsucht benutzt. Nicht mehr und nicht weniger. Aber eben erst morgen. Heute möchte ich noch nicht loslassen. Ihn noch nicht loslassen. Alles weiter für wahr halten. Jack. Mich. Und diese Nacht.

EGOFICK

Einen Tag nach meinem Geburtstag. Draußen fühlt es sich schon fast nach Sommer an. Ich treffe mich mit Robert, meinem besten Hamburger Freund, in unserer Schanzenstammkneipe, um noch mal genüsslich auf mein neues Lebensjahr anzustoßen. Wir beide waren schon damals in Göttingen beste Freunde, und Robert ist einer der wenigen Menschen, die mich ausnahmslos immer zum Lachen bringen. Wenn ich ihn sehe, geht es mir immer und sofort gut. Schon seit vielen Jahren. Wir vertrauen uns blind. Sind Familie füreinander. Auch dieses Mal funktioniert unser Gefühlsgeschwisterzauber. Nach einer halben Stunde liege ich schon zweimal unterm Tisch vor Lachen.

Auch Niklas werde ich heute noch sehen. Das erste Mal seit ein paar Wochen. Ich habe extra ein Zimmer in dem Hotel gebucht, in dem wir uns schon ein paar Mal getroffen haben. Wir schlafen seit vier Monaten miteinander und verstehen uns richtig gut. Kennengelernt haben wir uns auf einem Konzert. Eine gemeinsame Freundin hat uns einander vorgestellt. Niklas ist auch Musiker, und als ich ihn gesehen habe, wusste ich sofort, dass wir nicht umeinander herumkommen würden. Er ist Anfang zwanzig, und ich bin die zweite Frau, mit der er schläft. Er weiß noch nicht so genau, wie das mit dem Sex geht. Später erzählt er mir, dass er das Gefühl nicht kennt, begehrt zu werden. Dass jemand wirklich Lust auf ihn und darauf hat, wer er ist. Und auf das, was er im Bett tut. Niklas kannte nur das Gefühl, immer den ersten Schritt tun zu müssen – und sich dabei irgendwie aufdringlich zu fühlen. Sich für seine Lust zu schämen. Für das, was beim Sex bisher zwischen ihm und seiner Exfreundin passierte, war er allein verantwortlich. Und das bei aller Unerfahrenheit. Aber so war eben die Rollenaufteilung zwischen den beiden. Mann umwirbt Frau. Niklas hat es mit der Zeit dann einfach gelassen.

Für Niklas ist vieles an mir ungewöhnlich und neu. Die Umstände, unter denen wir uns treffen, meine Offenheit, die Art, wie ich Sex genieße. Ohne Druck, ohne Peinlichkeiten. Ich zeige, wenn es mir gefällt. Und ich zeige, wie es mir gefällt. Bei mir darf Niklas er selbst sein. Sich und mich kennenlernen. Manchmal überfordere ich ihn auch ein bisschen. Aber auch das mag er und findet es aufregend.

Was ich von Niklas lerne, ist, mich wieder mit jeder Pore auf jemanden zu besinnen. Runterzufahren. Nicht zu schlingen und sofort übereinander herzufallen, sondern den anderen zu erforschen, sich Zeit zu nehmen. Stundenlang. Nächtelang. Wunderschön. Nicht oft habe ich das mit einem anderen als Max erlebt. So zart angefasst, erkundet, gehört, gerochen, geschmeckt zu werden. Wir saugen uns förmlich auf. Streicheln uns an jeder Stelle unseres Körpers, sind wachsam für jede Reaktion. Jedes Atmen, jedes Seufzen, jedes gehauchte Wort ist ein Manifest. Die Orgasmen, die Niklas mir schenkt, kommen langsam, aber heftig. Vorsichtig hatte er die Stellen gesucht und gefunden, die mir die größte Lust bereiten. Voller Staunen sieht er mir dabei zu, wie ich mich seinen kreisenden Berührungen hingebe, die Augen geschlossen, den Mund halb geöffnet. Wie sich mein Becken in perfekter Harmonie zu seiner Hand auf und ab bewegt. Wie ich mich langsam in meiner Lust verliere, dennoch Halt in seinen Armen suche. Mich an ihn kralle und jede Lustwelle so intensiv spüre wie selten. Mit jeder Welle geht mein Atem schneller. Ich denke nicht, alles treibt mich zum Höhepunkt. Er treibt mich zum Höhepunkt.

Im Gegensatz zu meinen kommen Niklas' Orgasmen schnell und intensiv. Zu aufregend und manchmal auch überfordernd ist diese neue Welt für ihn. Niklas ist sehr konservativ erzogen worden, logisch also, dass er einen ganz anderen Zugang zu Sex hat als ich. So kann er beispielsweise das Wort Schwanz nicht leiden. Ihn Ding zu nennen sei aber in Ordnung, sagte er mir einmal. Und wenn er mich von hinten nimmt, kostet ihn ein kleiner Klaps auf den Hintern wirklich große Überwindung. Und das, obwohl es seiner eigenen Fantasie entsprungen ist. Er hat sich halt vorher nicht getraut. Seiner Lust nicht getraut. Aber ich mag unsere Unterschiede. Sie bereichern uns. Auch wenn klar ist, dass wir niemals ein Paar werden.

Niklas kommt in die Bar, um mich abzuholen. Robert hat bereits das Feld geräumt. Auch der Barkeeper versteht spätestens jetzt, warum ich auf seine Flirtversuche nicht angesprungen bin. Bevor wir gehen, nehmen Niklas und ich noch einen Drink und erzählen uns von den letzten Wochen. Ich bin entspannt und glaube, er ist es auch. Niklas wirkt zufrieden, das macht mir Lust auf uns. Es war gut, dass wir uns etwas länger nicht gesehen haben. Wir waren schon fast zu eingespielt, der erste Zauber war verflogen und für mich schon das Ende in Sicht. Umso schöner, dass es gerade so ist, wie es ist. Und wer weiß, was für neue Feuer wir heute entfachen werden.

Ein paar Minuten später beobachten wir lächelnd die anderen, während wir zu eng nebeneinander in der Bahn zum Hotel sitzen. Dort angekommen, betreten wir das kleine, aber hübsche Zimmer. Das Doppelbett mit den weißen, perfekten Laken wartet schon darauf, von uns durchwühlt zu werden. Ich freue mich darauf, mit Niklas zu schlafen, ihn zu spüren. Unsere nackten Körper ineinander versunken. Ich öffne den Wein, den ich mitgebracht habe, und fülle zwei Gläser. Wir stoßen an. »Ich gehe noch mal kurz ins Bad«, sage ich lächelnd und verschwinde hinter der Milchglastür, um noch mal aufs Klo zu gehen und die Strumpfhose auszuziehen. Wir wissen alle, wie nervig die Dinger sein können. Dann verlasse ich das Bad, schließe die Tür und trete auf Niklas zu, der vor dem Bett steht und auf mich wartet. Ich schau ihn an, streiche ihm über das Gesicht, nehme es in beide Hände und küsse ihn sanft. Er sagt: »Wir müssen reden.«

Eine Stunde später bin ich immer noch fassungslos. Robert und ich sitzen vor unserem zweiten Damengedeck: Alster und Sambuca. Urige Gestalten leisten uns in St. Georg Gesellschaft. Nach meinem Anruf hat er sich tatsächlich mitten in der Nacht aufgerafft, ist durch die ganze Stadt gefahren, um mir den Abend zu retten.

Max war nicht in Hamburg und konnte sich somit nur am Telefon mit mir zusammen über Niklas aufregen. Wir erinnerten uns gemeinsam daran, wie entspannt sich die Trennung von anderen normalerweise immer angefühlt hatte. Mit Ben zum Beispiel traf ich mich, nachdem er sich irgendwann in eine Frau verliebte, mit der er zusammen sein wollte, trotzdem noch, um zusammen essen oder ins Kino zu gehen. Wir waren weiterhin Freunde, nur eben ohne miteinander zu schlafen.

Jetzt aber fühle ich mich schlecht und gedemütigt. Und gleichzeitig so dankbar, Freunde wie Robert zu haben, die sich aufmachen, um da zu sein. Aber so sind wir. Beste Freunde eben. Dasselbe würde ich immer und sofort für ihn tun.

Ich bin im Schimpfmodus. Im Normalfall freue ich mich für meine Affären, wenn sie sich in jemanden verlieben. Das hat immer Vorrang. Im Normalfall erfahre ich davon aber auch nicht kurz vor dem Vorspiel. Was soll der Scheiß? Nach so viel Achtsamkeit füreinander ist das Ende dann erschreckend herabwürdigend gelaufen. Niklas wollte das mit seiner Unerfahrenheit entschuldigen. Aber das lasse ich nicht gelten. Jahrelang hat er sich für seine Lust geschämt. Sie nicht offen gezeigt aus Angst vor Zurückweisung. Und jetzt hat er mich zurückgewiesen und ich mich beschämt. Wieso erzählt er mir davon erst im Hotelzimmer? Eine nette Nachricht hätte genügt. Und wenn er es schon persönlich machen möchte, dann doch bitte spätestens in der Bar. Der Barkeeper sah wirklich nett aus. Süß allemal! Wer weiß, wie der Abend sonst noch verlaufen wäre?

Gott sei Dank hatte ich vorhin nur meine Strumpfhose ausgezogen und bin nicht nackt aus dem Bad gekommen. Oder in einem Dominaoutfit. Oder einem brasilianischen Karnevalskostüm mit riesigem Kopfschmuck, der kaum durch die Tür passt. Robert beginnt, mich mit diesem Gedankenspiel aufzuziehen, und ich muss grinsen.

Ein neuer Sambuca steht vor uns auf der Theke. Wir erheben die Gläser, und Robert fragt seufzend, aber schmunzelnd: »Was ist nur mit den Leuten los?!« Ein Insider. Wir gucken uns gespielt resigniert an, halten kurz inne, dann prusten wir laut los und liegen uns lachend in den Armen. Ein Hoch auf die Freundschaft!

KOPFKINO

Ich sehe, wie du sie beobachtest. Mit deinen Augen ihre Kurven abfährst. Sie dabei anlächelst. Sie liegt vor dir, hat die Augen zu. Stör sie nicht. So schön liegt sie doch da in euren weißen Laken. Du begehrst sie. Sehr. So sehr.

Beugst dich zu ihr herunter, küsst ihren Hals. Langsam und zärtlich. Sie atmet ein, du atmest aus. Du näherst dich mit deinen Lippen den ihren. Deine Lust auf sie hat dich schon wieder fest im Griff. Du zwingst dich, auf ihr Signal zu warten. Lange warten musst du nicht. Sie zieht dich an sich. Auch sie kann nicht genug von dir haben. Und das, obwohl ihr es schon seit Wochen miteinander treibt. Weil ihr immer noch so scharf aufeinander seid.

Vermutlich wird sie morgen im Büro sofort feucht bei dem Gedanken an eure letzte Nacht. Spürt das süße Kribbeln zwischen ihren Schenkeln, wenn sie daran denkt, wie gut du lecken kannst. Und wie gut du fickst. Und das schreibt sie dir dann auch. In der Hoffnung, dass ihre Gedanken dich genauso anmachen wie sie. Und das tun sie.

Mich allerdings schmerzt dieser Gedanke. Noch mehr schmerzt mich die Idee davon, wie du mit ihr lachst. Ausgelassen bist, und du denkst: »Wow, ist das schön. Sie ist so schön.« Ist sie schöner als ich? Lässt sie sich mehr gehen? Ist sie entspannter, lebenslustiger? Albert sie mit dir herum, überrascht dich mit ihrer forschen Art? So wie ich es immer konnte, bevor wir uns zu gut kannten?

Diskutierst du mit ihr über all die politischen Themen und Fragen, über die ich keine Lust mehr habe zu sprechen? Macht sie das noch interessanter für dich? Ist sie vielleicht klüger als ich? Auf eine Art klug, auf die ich nicht klug bin? Ist sie stärker in Debatten als du? Weil sie eloquenter, informierter ist? Und ist es genau das, was dich so anmacht?

Wünschst du dir vielleicht sogar Alltag mit ihr? Morgens von ihr mit einem Kaffee geweckt zu werden? Natürlich hat sie dabei ein sexy Negligé an. Langweiligen Alltag gibt es mit ihr bestimmt nicht. Oder willst du lieber auf dem Balkon in der Sonne frühstücken? Sie hat ihn doch so schön bepflanzt, denn natürlich kann sie auch so etwas. Denn sie kann alles.

Willst du zu ihr in die Dusche steigen, als wäre es normal? So wie du es bei mir machst, wenn du spät dran bist. Für sie nimmst du dir sicher öfter die Zeit für eine heiße, schnelle Nummer unterm warmen Wasserstrahl. Oder willst du mit ihr ans Meer fahren? Mit offenen Fenstern, lachend und singend? Und dann abends den Sonnenuntergang zusammen ansehen? Nebeneinandergekuschelt und so sehr verliebt.

Wünschst du dich vielleicht weg von mir, weil der Alltag mit mir nicht so entspannt und harmonisch ist, wie du ihn dir mit ihr vorstellst? Dann zum Beispiel, wenn ich wieder darüber motze, dass du deine Dreckwäsche nicht in den Wäschekorb geworfen hast? Oder darüber, dass mich dein Auf-den-letzten-Drücker-Sein, das du als »gemütlich« deklarierst, manchmal rasend macht? Oder nerve ich dich andersrum zu sehr damit, dass ich so kontrollettimäßig bin und alle um mich herum mit meinem Stress anstecke, wenn meine Pläne nicht genau so aufgehen, wie ich es wollte? Weil ich manchmal nicht so flexibel bin wie du?

Geht dir meine laute, extrovertierte und überdrehte Art manchmal so auf den Sack, dass du dir wünschst, ich sei anders? Weniger ich?

Willst du flüchten? In die kleine schöne Welt, die du mit ihr hast? Sie, die Frau mit den langen braunen Locken und dem schönen, weichen Gesicht. Der Stupsnase und den tiefen braunen Augen. Sie wird bestimmt keine Zweifel an ihrer Schönheit haben. Sie ist sicher süß und weiß, wie man die Männer um den Finger wickelt. Ohne dass sie es merken. Und auf eine Art, dass Männer sich um sie kümmern wollen. Sie kann den Beschützerinstinkt mit einem Blick wachrufen. Wirst du auch darauf hereinfallen? Bist du es schon?

Ist sie eine Frau, mit der du in einer anderen Welt gerne ein Paar geworden wärst? So ein richtiges Paar? So ein Für-immer-und-ewig-Paar? So ein Paar, bei dem der eine den anderen liebt, so wie er ist. Mit all den Fehlern und Macken, die dazugehören. Das auch dann aneinander festhält, wenn es schwierig wird. So richtig schwierig. So schwierig, dass es ans Eingemachte geht. Es gefährlich wird. Und man es trotzdem schafft, sich nicht zu verlieren. So ein Paar meine ich. So ein Paar, wie wir es eigentlich sind. Hasst du mich jetzt, weil ich und weil wir dieser Sache mit euch im Weg stehen? Würdest du es gerne ausprobieren? Sie und ein Leben mit ihr probieren?

Stell dir vor, wie sie als Mutter deiner Kinder so wäre. Wie sie lachend mit ihnen am Strand herumtobt und umherwirbelt. Und wie du abends aus dem Kinderzimmer hörst, dass sie ihnen noch ein Schlaflied vorsingt. Mit ihrer zarten, warmen Stimme, die auch du so liebst und die dich wie zu Hause fühlen lässt.

Ich zucke erschrocken zusammen, als die Tür plötzlich aufgeht und der Anblick von Max mich aus meinen Gedanken und zurück in unser Schlafzimmer holt. Ein Lichtstrahl vom Flur scheint direkt ins dunkle Zimmer und auf unser Bett, in dem ich liege. »Och nö, schläfst du etwa schon? Ich wollte mit dir noch Netflix gucken und Torte im Bett essen und dann schlafen. Wenn wir ganz krass drauf sind, putzen wir heute unsere Zähne nicht, okay?!«, versucht mich der gut gelaunte Max mit seinem Vorschlag zu überzeugen. »Mhm«, erwidere ich und merke, dass ich noch zwischen den Welten hänge. Max hingegen zieht sich aus und kommt mit seinem Laptop bewaffnet ins Bett gestiegen. Ich setze mich in der Zwischenzeit auf und mache die Nachttischlampe an.

»Du musst dich erst noch duschen, bevor du zu mir ins Bett kommst«, sage ich sachlich. Das ist eine der Regeln, die mir bis heute sehr wichtig ist. »Nee, nee, muss ich nicht«, antwortet Max, während er den Laptop hochfahren lässt. »Wir haben uns nur lange und gut unterhalten und Wein getrunken. Sie hat mir von ihrem neuen Freund erzählt. Sie ist total verknallt in den Typen. Ganz aufgeregt. War echt ein netter Abend«, erzählt Max lächelnd, »ich kenne ihn auch noch von früher aus der Uni. Sehr cooler Typ, ich glaube, das passt gut mit den beiden. Wär ihnen jedenfalls zu wünschen, dass es klappt.«

Max wühlt sich während seiner letzten Worte wieder aus der Decke und steht auf. Anscheinend ist ihm die Torte wieder eingefallen, denn er verlässt das Zimmer, und ich höre ihn mit den Tellern in der Küche hantieren. Ich komme mit Max' Tempo gerade noch immer nicht mit. Das ist ja mal was ganz Neues, normalerweise bin ich diejenige, die euphorisiert bei ihm ins Zimmer platzt und ihn mit Ideen und Vorschlägen bombardiert. So fühlt sich das also an.

Schon steht Max wieder in unserem Schlafzimmer und stellt zwei Teller mit Torte auf seinem Nachtschrank ab. Max kann sehr gut Torte backen, und manchmal, wenn es ihn überkommt, backt er einfach so mal eine. Das mag ich.

Max kriecht wieder unter die Decke und bahnt sich seinen Weg zu mir. »Komm mal her, du!«, sagt er grinsend und zieht mich an sich. Er guckt mich an. »Was ist denn bei dir eigentlich los, du Knautschgesicht?« Er küsst mich auf die Nase und strahlt mich an. Wenn er so guckt, dann ist er für mich wieder der achtzehnjährige Max. Der verpeilte, schöne Max, bei dem ich sofort wusste, dass er der Junge ist, den ich will und der der Mann meines Lebens wird. Bei dem Gedanken muss ich erst lächeln und mich dann mit meinem Gesicht in seinem Hals verkriechen. »Alles ist gut«, flüstere ich ihm ins Ohr. »Ich hatte nur gerade meine existenzbedrohenden fünf Minuten.«

VERBOTEN

Wir sitzen am Flügel. Eng nebeneinander. Draußen ist es dunkel, und der Herbstwind sucht sich seinen Weg durch den Efeu, der sich an den Mauern des alten Bauernhauses entlanghangelt. Es ist drei Uhr morgens. Noah spielt die letzten Noten des Songs, den wir gerade geschrieben haben. Unsere Blicke ruhen auf den vor uns liegenden Tasten. Die Töne verhallen. Stille. Nur unser leiser Atem ist zu hören. Langsam hebe ich meinen Blick. Wie so oft an diesem Abend. Wie so oft in den letzten Wochen. Dieselbe Situation. Dieselbe aufgeladene Spannung zwischen uns. Jedes Mal ein Risiko. Wir werden uns tief in die Augen sehen. Den anderen erkennen. Die Verlegenheit des anderen erkennen. Die Verlegenheit, aus der im nächsten Augenblick Verlangen wird. Tiefes Verlangen. Nach den Lippen des anderen. Nach dem Körper des anderen. Nach dem anderen. Nach der Verschmelzung und der Hingabe, auf die wir seit Wochen warten. Tausend Berührungen, die wir uns in Gedanken schon so oft geschenkt haben. Doch einander anfassen dürfen wir nicht. All das dürfen wir nicht. Denn das ist verboten.

Als ich Noah kennenlernte, wusste ich gleich, dass wir nicht umeinander herumkommen würden. Ich wusste, dass ich mit ihm schlafen will. So etwas weiß ich einfach, wenn ich einem Mann begegne. Schon immer. Bauchgefühl? Intuition? Vielleicht ist es auch einfach meine Vagina, die die Entscheidungen für oder gegen einen Mann trifft. Oder die Hormone? Woher meine Sicherheit in einem solchen Moment genau kommt, weiß ich nicht. Ich weiß nur, dass sie da ist. Und ich glaube auch, dass die meisten anderen Menschen das im Grunde auch von sich wissen, denselben Kompass wie ich in sich tragen, der ihnen sagt: »Ja, das passt, das wird großartig!«, oder: »Nee, Schätzchen, versuch dein Glück lieber woanders, auch, wenn du auf dem Papier für mich perfekt zu sein scheinst.« Bestimmt gibt es massenhaft kluge wissenschaftliche Untersuchungen über das alles und den berühmten ersten Eindruck, der zählt, aber vielleicht ist auch einfach egal, wer oder was sich in mir für oder gegen Sex mit meinem Gegenüber entscheidet. Bei Noah war mir jedenfalls im ersten Augenblick, und damit meine ich tatsächlich Augenblick, klar: Zwischen diesem Mann und mir, da ist irgendwas. Und ich will herausfinden, was es ist.

Ich arbeitete gerade für eine Kinderliederproduktion als Studiosängerin, als wir uns das erste Mal sahen. Das Tonstudio liegt etwas außerhalb von Hamburg auf dem Land, gerade im Frühling und Sommer ist es dort wunderschön. Das alte Bauernhaus und der idyllische Garten drum herum haben ihren ganz eigenen Charme. Paula, Jonas und ein paar andere gute Freunde arbeiten sehr oft in diesem Studio. Wir sind mittlerweile zu einem Kreis von vielen kreativen, vor allem musikalischen Menschen zusammengewachsen, der sich gegenseitig unterstützt und zusammenarbeitet. Und so hatte ich auch schon von Noah gehört, ihn aber bisher nie getroffen. Ich wusste nur, dass er ein sehr talentierter Sänger und Songwriter ist und, so wie ich, projektbezogen ab und zu auch dort arbeitet.

Nachdem ich nun also schon »Hänschen klein«, »Summ, summ, summ« und »Ein Männlein steht im Walde« eingesungen hatte, brauchten Paula, die für die Aufnahmen zuständig war, und ich dringend eine Pause von dem Kinderquatsch. Man kann ja auch nicht ewig mit großer Freude und Begeisterung – Paula feuerte mich mit den Worten an: »Stell dir vor, du bist eine Kindergärtnerin auf Speed« – ins Mikrofon trällern. Es war früher Abend und genau der richtige Zeitpunkt, den Sekt aus dem Studiokühlschrank zu holen. Das ist das Schöne, wenn man mit Freunden arbeitet. Man kann Arbeit und Klönen wunderbar miteinander verbinden.

Ich lief also zum Kühlschrank, verschwand hinter seiner großen Tür und begann, den Sekt aus der letzten Ecke des Gemüsefachs unter den Äpfeln und Tomaten hervorzukramen. Wer hat denn da schon wieder nicht mitgedacht? Das wiederum ist der Nachteil, wenn man mit so vielen Leuten unter einem Dach arbeitet. Keiner fühlt sich für vermeintliche Kleinigkeiten, wie die Ordnung in der Küche, so richtig verantwortlich. Aber was soll's, es gibt Schlimmeres. Gar keinen Sekt im Kühlschrank zu haben, zum Beispiel.

Durch mein Rumgekrame hatte ich gar nicht bemerkt, dass nach Paula und mir nun auch zwei andere Menschen die Küche betreten hatten. Ich stand auf, schloss den Kühlschrank und wollte gerade zur Spüle gehen, da stand er plötzlich vor mir. Ich blieb stehen, und wir sahen uns an. Ein wenig verdutzt, ja fast erschrocken. Wie mechanisch reichten wir uns wortlos die Hand, als uns Jonas einander vorstellte. Aber Jonas' Worte hörte ich gar nicht. Wir guckten und guckten. Und irgendwann, ganz langsam, gewannen wir die Fassung wieder. Erst war es ein kleines Schmunzeln. Und dann, dann lachten wir. Einfach so. Einander frei und strahlend ins Gesicht. Ich fühlte mich sofort angezogen. Ein Sog, dem ich nicht widerstehen konnte. Und wollte. Alles in mir rief »Ja!«. Und das Spannendste war: Ich war ganz sicher, dass es ihm genauso ging.

Die ersten Wochen und Monate waren wir so unschuldig. Unschuldig wie zwei junge Teenager, die sich erst langsam kennenlernen, umeinander herumtänzeln, leise kichern. Ich habe das jahrelang nicht mehr gespürt. Diese süße, naive Verknalltheit aus der Zeit, in dem das Leben selbst einen noch nicht so sehr forderte und man den Kopf und das Herz noch frei hatte für diese leichten Gefühle. Aus der Zeit, in der man mit dem Begriff Liebeskummer und seiner vollen Breitseite noch nicht so viel anfangen konnte. Die Zeit, in der man noch keine tiefen Kränkungen oder Verletzungen in Sachen Liebe erfahren hat. Die Erfahrungen, die die meisten von uns mit den Jahren vorsichtig und scheu werden lassen, wenn es darum geht, sich auf jemanden einzulassen. Sich wirklich einzulassen. Mit all dem Risiko, das später der Frage im Weg steht, ob man sich trauen soll. Sich selbst und dem Gegenüber.

Als ich ein Teenager war, war ich gefühlt alle paar Wochen in irgendeinen Jungen aus meiner Schule verschossen. Ich fand die Jungs um mich herum einfach so spannend. Und das Gefühl des Verliebtseins ist auch einfach so schön und aufregend. Dieses verträumte Anhimmeln aus der Ferne. Sich Geschichten dazu auszumalen, wie wir das erste Mal wirklich ins Gespräch kommen würden. Die Strategiegespräche mit den besten Freundinnen darüber, wie wir uns den Objekten unserer Begierde nähern könnten, ohne dass es zu auffällig wäre. Geht er vielleicht auch zu der Party von Malte aus der elften Klasse? Oh Gott, was soll ich nur anziehen? Wie wirke ich besonders cool und desinteressiert, ohne zu cool und desinteressiert zu wirken? Ah!

Ich wollte mich ausprobieren. Die Wirkung meines sechzehnjährigen Ichs testen. Worauf fuhren die Jungs ab? Auf mein Lachen, meinen Augenaufschlag, meinen Gang? Ich wollte es wissen. Bin ich schön? Bin ich sexy? Wie funktioniert das mit dem Frausein eigentlich? Es waren genau die Fragen, die sich alle Mädels um mich herum stellten.

Zwei, drei Jahre zuvor hatten wir das Frausein noch gespielt. Unsere ersten BeeDees-BHs in der kleinsten Größe gekauft, die Spice Girls nachgemacht. Geübt, wie man sich richtig schminkt. Mit unseren Müttern darüber gestritten, ob wir Wimperntusche zur Schule tragen durften oder nicht. Dem Klassenschönling heimlich und mit größtem Herzklopfen »Willst du mit mir gehen«-Zettelchen zugeschoben. Na ja, um ehrlich zu sein, dem besten Freund des Schönlings diesen Zettel zum Überliefern in die Hand gedrückt. Sich selbst trauen ging damals noch nicht.

Aber dann mit sechzehn, da ging es langsam ernsthaft los. Es ging nicht mehr nur um das erste Händchenhalten, die ersten zaghaften Küsse und die ersten Schwärmereien. Es ging langsam, Schritt für Schritt, um erstes echtes Interesse an einem anderen Menschen, um erste Gehversuche in Sachen Beziehung. Und natürlich um erstes richtiges Flirten, erste leidenschaftliche Küsse und um das erste Mal. Gott, war das aufregend!

Und manchmal, ganz manchmal, begegnet man einem Menschen, der dich wieder sechzehn Jahre alt sein lässt. Und das, obwohl du doppelt so alt bist und denkst, dieses Kribbeln längst vergessen zu haben. Hast du aber nicht. Wenn eine solche Person den richtigen Schalter drückt, bist du sofort an. Sofort auf Sendung. Kannst dich nicht entziehen. Du willst mehr davon. Und das am liebsten sofort.

Nach unserem Kennenlernen neben dem Studiokühlschrank vergingen ein paar Tage, ehe Noah und ich voneinander hörten. Ich hatte mir von Paula seine Nummer geben lassen. Später erfuhr ich, dass auch er Jonas nach meiner gefragt hatte. Ich war schneller und fragte ihn, ob wir zusammen für den Pitch einer Musikcastingshow Songs komponieren wollten. Die Sendung suchte immer noch geeignete Lieder für die Finalrunden, in denen die KünstlerInnen vermeintlich selbst geschriebene Songs vorstellen und nicht mehr schon bekannte nachsingen. Eine wunderbare Gelegenheit also, sich zu einer Songwriting-Session zu treffen.

Und so saßen wir Abend für Abend nebeneinander am Flügel, den Pitch längst vergessen, und versuchten, uns nicht anmerken zu lassen, wie toll wir einander fanden. Und wie interessant. Und wie talentiert. Und wie lustig. Und wie schön. Und wie anziehend. Natürlich funktionierte das nicht. Nicht auf Dauer jedenfalls. Noah ist genau wie ich ein Mensch, der sein Herz ein bisschen zu sehr auf der Zunge trägt. Und so kamen wir nicht umhin, uns irgendwann geradeheraus zu sagen:»Du bist ein toller Mensch, ich mag dich.«

Wir kommunizierten durch unsere Musik, unsere Körper, die immer näher zusammenrückten. Sagten Dinge ganz direkt. Vieles indirekt. Denn zu viel Direktsein wäre zu viel Eingeständnis gewesen. Ein Eingeständnis, das für Noah zu bedrohlich gewesen wäre.

Und ich, die sonst so cool und taff daherkommt und die Zügel fest in den Händen hält, war mal wieder in der Situation, sich unsicher zu fühlen. Diese Art Unsicherheit, die zwangsläufig zum Verknalltsein dazugehört. »Findet er mich auch toll?«, »Würde er mich zurückküssen, wenn ich ihn küssen würde?«, »Oh Gott, warum hab ich das denn jetzt gesagt? Jetzt hält er mich doch für total bescheuert?«. Im Verknalltheitsmodus wird man zum Idioten. Faselt plötzlich Unsinn, lacht völlig überzogen über halb gute Witze und fummelt sich ständig in den Haaren herum.

Auf der einen Seite taten mir dieses Idiotentum des Verknalltseins und die Unsicherheiten mal wieder richtig gut. Ich musste meine Komfortzone verlassen, unsere eigenen und besonderen Spielregeln erst begreifen. Aber natürlich nervte es mich auch manchmal, dass ich nicht wie sonst, wenn es um Männer geht, über den Dingen stehen konnte. Und das machte ihn wahnsinnig interessant für mich. Er forderte mich heraus. Er zwang mich durch seine eindringliche Art, mich mit meinem eigenen Spiel auseinanderzusetzen. Dinge, die bei anderen Männern zogen, funktionierten bei ihm nicht. Ihm mein leichtes und lustiges Selbst zu zeigen, das war, was er wollte. Er kitzelte so viel Schönes aus mir heraus. Manche Seiten hatte ich lange nicht mehr anderen gezeigt oder sogar selbst ein bisschen vergessen, dass es sie gab. Ich fand die extrem alberne, ausgelassene Anna wieder. Die mit großem Mut zur Hässlichkeit. Die, die unglaublich viel Unsinn in ihrem Kopf mit sich herumträgt, der sich freute, mal wieder richtig herausgelassen zu werden. Das ist das Schöne an solchen Begegnungen. Einer solchen leichten Verliebtheit. Man verliebt sich auch wieder ein bisschen in sich selbst. Durch den schönen Spiegel, den der andere einem vor die Nase hält und sagt: »Schau, wie schön du bist! Innen wie außen!«

Der Betrug begann in unseren Köpfen. Denn Körperlichkeit gab es am Anfang kaum. Nähe ja. Ganz viel davon. Aber sonst gab es nur unsere Umarmungen zur Begrüßung und zum Abschied. Beide wurden von Treffen zu Treffen enger und länger. Wortlos. Und jedes Mal mit ein bisschen mehr Herzklopfen. Später erzählte er mir, dass auch er immer aufgeregter wurde, je öfter wir uns sahen. Wir machten Musik, rauchten zusammen auf dem Dachboden des alten Bauernhauses, in dem das Musikstudio untergebracht war, und aßen um drei Uhr morgens Miracoli-Nudeln.

Schritt für Schritt veränderten sich Kleinigkeiten. Wenn wir auf der Bank vor dem Studio saßen, um eine Zigarette zu rauchen, dann saßen wir jedes Mal ein kleines bisschen dichter zusammen. Wir zögerten Songwriting-Sessions so lange hinaus, wie es ging. Manchmal übernachteten wir in der Studiowohnung. Aber wir schliefen nicht. Nicht miteinander und auch sonst nicht. Bis in den Morgen saßen wir rauchend und redend zusammen. Weil wir jeden Moment miteinander auskosten wollten.

Es war nicht unser Betrug. Es war sein Betrug, der sich da langsam anzubahnen schien. Ich durfte mich auf diese verknallte Welt einlassen und all die Leichtigkeit aufsaugen und genießen. Aber er durfte nicht. Denn es gab Marie. Die Frau, mit der er sein Leben verbringen wollte und die er von Herzen liebte. Da war er sich sicher. Seit vielen Jahren schon. Und obwohl seine Beziehung gut lief, dachte er immer wieder auch an andere Frauen. Begehrte sie aus der Ferne und verbot sich diese Gefühle. Nun hatte er mich getroffen, und es fiel ihm immer schwerer, sich an das Verbot, auf das sich Marie und er vor Jahren eingelassen hatten, zu halten. Und so kam es, dass ich durch meine Begegnung mit Noah das erste Mal seit langer Zeit wieder mit einem der ältesten Konflikte der zwischenmenschlichen Welt direkt konfrontiert war. Treu bleiben oder fremdgehen? Die vorhandenen Regeln brechen oder neue aufstellen?

Ich spürte Noahs Zerrissenheit. Sah die Bälle in seinem Kopf nur so hin und her fliegen. Sah die gleichen tausend Fragen, die ich in meinem Leben nicht nur von ihm, sondern von so vielen Menschen gehört hatte, die einmal in diesem Dilemma steckten. Oh Gott, was ist denn nur los mit mir? Warum kann ich mich nicht mehr zusammenreißen? Da kann ich mit niemandem drüber reden, dann steh ich als das totale Arschloch da. Ich bin doch glücklich, oder nicht? Warum mache ich mit meinen Gefühlen jetzt alles kaputt? Läuft es denn wirklich gut mit Marie? Oder bin ich doch irgendwie unglücklich und merke es nicht? Verdränge ich es? Versuche ich, ein Unglück zu konstruieren, damit ich meine Lust auf Anna besser rechtfertigen kann? Heißt es nicht immer, man guckt sich nur nach anderen um, wenn die Beziehung eh scheiße läuft? Aber es läuft doch gar nicht scheiße. Ja, es ist mit den Jahren anders geworden. Aber ganz viel gut anders. Und trotzdem bin ich so neugierig. Was ist mit meiner Sehnsucht? Muss ich sie wirklich ganz unterdrücken? Ich möchte jemand anderem nah sein. Begehren. Mich fallen lassen können. Ich möchte aber niemals Marie verlieren, sie verletzen, sie täuschen. Mache ich mir nur etwas vor? Wem mache ich hier etwas vor?

Ein paar Jahre zuvor hatte Noah Marie von seiner Sehnsucht erzählt. Er hatte all seinen Mut zusammengenommen und ihr gesagt, dass er gerne mal wieder eine andere Frau küssen würde. Mit ihr schlafen würde. Hatte er doch nur während seines Studiums mit zwei, drei Frauen geschlafen, vor Marie. Doch er hatte sie früh kennengelernt und war ihr mit Haut und Haaren verfallen. So wie auch heute noch. Anders, aber er liebte sie sehr. Nur fragte sich eine kleine Stimme in ihm immer wieder: Wie es wohl wäre? Fremde Lippen? Fremder Körper? Fremde Frau?

Marie war damals über seine Offenbarung sehr unglücklich und gekränkt gewesen. Verständlich, wer hört das schon gerne, wenn man die Sehnsucht des anderen nicht teilt? Sie war nicht neugierig auf andere Männer. Noah war der einzige Mann, den Marie wollte. Und sie hasste den Druck der heutigen Welt, dass man mit möglichst vielen Menschen geschlafen haben muss. Sie liebte den Sex mit Noah, sie musste nicht wissen, wie sich Sex mit einem anderen anfühlte. Seine Offenbarung löste in Marie das Gefühl aus, Noah nicht mehr zu genügen. Sie hatte Angst. Und Noah schaffte es nicht, ihr diese Angst zu nehmen. Konnte sie nicht davon überzeugen, dass die Lust auf andere Frauen rein gar nichts mit seinen Gefühlen und seiner tiefen Liebe zu ihr zu tun hat. Und so sagte sie: »Du kannst schon mit anderen Frauen schlafen. Aber dann bin ich weg.« Sie verloren nie wieder ein Wort über das Thema. Weder darüber, wie sie mit Maries Angst hätten weiter umgehen können. Noch darüber, was sie nun mit Noahs Sehnsucht anfangen sollten. Noah war ihr treu geblieben, hatte sich für Marie und gegen sein nun nicht mehr heimliches Bedürfnis entschieden. Denn alles, was er wollte, war, sie weiterhin an seiner Seite zu wissen. Über die Jahre fiel es ihm schwerer, seinem Wunsch nach einer neuen Erfahrung mit einer anderen Frau nicht nachzugehen.

Normalerweise verlor er sich ein paar Tage, nachdem er eine schöne Frau gesehen oder bei einem seiner Konzerte kennengelernt hatte, in erotischem Kopfkino. Stellte sich vor, wie ihre Lippen schmeckten, wie sie roch und es sich anfühlte, mit der Hand durch ihre Haare zu fahren. Dachte daran, wie es wohl wäre, über ihre Brüste zu streichen, ihren Po zu berühren.

Er fragte die Frauen nie nach ihren Telefonnummern und speicherte sie nicht unter »Dirk Fußball« in seinem Handy ein. Nahm nie Kontakt auf, fragte sie nicht, ob sie sich mal treffen wollten. Er ließ sie ziehen und gab sich mit seinen Gedanken zufrieden. Und das war viele Jahre für ihn in Ordnung gewesen.

Jetzt war es anders. Er hatte sich richtig verschossen. Und es fiel ihm schwer, sich dem zu entziehen. Er spürte genau wie ich die leichten, schönen Gefühle, die man spürt, wenn man sich mag und schön findet. Seine Gefühle für Marie hatte das nicht geschmälert. Ich war für ihn keine Absprungfrau. Auch keine Frau, mit der er sich perspektivisch eine Beziehung hätte vorstellen können. Die wollte er ausschließlich mit Marie haben. Und trotzdem. Trotzdem gibt es zwischen uns dieses Ding. Diese Verbindung, diese Anziehung, um die wir nicht herumzukommen scheinen. Denn wenn man es einmal weiß, dann weiß man es. Der Kompass hatte ausgeschlagen. In dem Augenblick, als wir uns sahen.

Und so sitzen wir nun nebeneinander am Flügel. Eng beieinander. Draußen ist es dunkel, und der Wind sucht sich seinen Weg durch den Efeu, der sich an den Mauern des alten Bauernhauses entlanghangelt. Es ist drei Uhr morgens. Noah spielt die letzten Noten des Songs, den wir gerade geschrieben haben. Unsere Blicke ruhen auf den vor uns liegenden Tasten. Die Töne verhallen. Stille. Nur unser leiser Atem ist zu hören. Langsam hebe ich meinen Blick. Wie so oft an diesem Abend. Wie so oft in den letzten Wochen. Dieselbe Situation. Dieselbe aufgeladene Spannung zwischen uns. Wir sehen uns tief in die Augen. Ich sehe erst Noahs Verlegenheit. Dann sein Verlangen für einen kurzen Moment über sein Gesicht huschen. Er fängt sich wieder. Sein Blick wandert über mein Gesicht. Ich sehe ihn denken. Seine Augen finden wieder zu meinen, und da sehe ich es. Etwas, das ich in all den Wochen davor so nicht gesehen hatte. Es war passiert. Er hat sich entschieden.

MONO?! GAR NIE!

»Max?«, frage ich, während ich eine Kastanie mit dem Fuß über das bunte Laub bis auf den Spazierweg rollen lasse. An diesem Sonntag hat es uns an die Außenalster verschlagen. Wir sitzen nebeneinander auf einer Bank, schauen über das Wasser und beobachten ein paar Enten, die sich am Ufer tummeln.

»Mhm?«, antwortet Max. Irgendwann haben wir uns angewöhnt, am Sonntagnachmittag mindestens eine kleine Runde spazieren zu gehen. Und meistens werden daraus lange und gesprächsintensive Spaziergänge. Natürlich nicht immer, da bin ich ehrlich. Wenn wir zum Beispiel am Abend zuvor feiern waren, alleine, mit Freunden oder gemeinsam, dann besteht der Spaziergang meist aus dem kurzen Weg zum Späti unten an der Ecke neben unserer Wohnung, um eine kalte Kater-Cola zu kaufen. Fühlt sich an solchen Sonntagen schon ziemlich nach Spaziergang an.

»Wärst du mir eigentlich fremdgegangen, wenn wir uns nicht irgendwann für eine offene Beziehung entschieden hätten?«, ich gucke Max von der Seite an. »Huch, wie kommst du denn jetzt auf die Frage?«, fragt Max und zieht den Reißverschluss seiner Jacke ganz nach oben. Es ist kalt geworden. »Ich hab neulich lange mit dem Musiker über seine Beziehung gesprochen. Der Mann, mit dem ich manchmal Songs schreibe und mit dem es irgendwie spannend ist, der aber 'ne Freundin hat. Weißt du, wen ich meine?«, frage ich. »Jap. Was ist mit ihm? Ist er noch mit seiner Freundin zusammen?«, will Max wissen. »Ja, schon.« Ich ärgere mich still, dass ich meine Handschuhe nicht mitgenommen habe. Mir wird langsam kalt. »Aber ich bin nicht sicher, wie es da weitergeht. Der hadert schon sehr mit sich. Er liebt seine Freundin, begehrt aber auch andere. Und da hab ich mich gerade gefragt, wie du oder wir das eigentlich gemacht hätten.« »Mh, gute Frage«, sagt Max, »ich hätte erst einmal versucht, mit dir darüber zu reden. Dir zu erklären, was los ist. Und versucht, dir Sicherheit zu vermitteln, damit du nicht denkst, ich würde mich wegen einer anderen trennen wollen. Hätte dir erklärt, dass es um Sex geht. Am besten hätte ich das wohl in einer Phase angesprochen, in der wir beide sehr zufrieden wären – mit uns und unserem Sexleben. Sonst hättest du vermutlich sofort gedacht, du würdest irgendwelche Bedürfnisse nicht erfüllen.«

Wir beide stehen auf und schlendern langsam weiter am Ufer entlang. Die Bewegung vertreibt hoffentlich ein wenig die Kälte aus unseren Körpern. »Aber so ist es doch auch im Endeffekt, oder nicht?«, hake ich nach. »Na klar, irgendwie schon«, antwortet Max, »aber ja nicht nach dem Motto ›du kannst dies nicht und machst davon zu wenig, das hole ich mir nun woanders‹. Das, was wir beide so mögen und uns nach vielen gemeinsamen Jahren gegenseitig nicht mehr wirklich geben können, ist halt die große Überraschung, das kleine Verliebtsein ins Unbekannte oder so. Dass das fehlt, ist halt der Preis für all die schönen Dinge, die eine Langzeitbeziehung mit sich bringt. Spannende Sexabenteuer gehören da nun einmal nicht in die Top Ten. Das macht es, denke ich, einfacher: Ich kann mich bei dir gar nicht mehr fragen, wie du wohl küsst – deshalb musst du es nicht persönlich nehmen, wenn mir das manchmal fehlt.«

Die Herbstluft weht uns ins Gesicht und pustet unsere Köpfe durch. Ich liebe den Herbst. Das Zusammenspiel der bunten Blätter und der schief stehenden Sonne verwandelt die Welt in einen so magischen und angenehm melancholischen Ort. Ich merke, wie ich gegen Ende des Jahres langsam zur Ruhe komme, nachdenklicher werde, mich zurückziehe, stiller werde. Ich brauche diese Aufladezeit in den kalten Monaten, um mich wieder zu besinnen, zu verarbeiten. Um ein Resümee zu ziehen und neue Ziele für das kommende Jahr zu entwickeln.

»Und was wäre gewesen, wenn es ein bisschen so gewesen wäre wie bei dem Musiker und seiner Freundin? Wir beide glücklich, aber nicht in der Lage, so offen über alles zu sprechen? Wenn du eben nicht hättest sagen können, dass du dich auch mit anderen Frauen ausprobieren möchtest. Hättest du dich zusammengerissen? Diese Seite an dir für den Rest deines Lebens verdrängt? Oder hättest du dich irgendwann getrennt? Wärst fremdgegangen?«, frage ich weiter nach.

»Getrennt hätte ich mich nie ganz von dir«, erwidert Max sofort. »Ich meine, in der Vergangenheit gab es ja genau diesen Konflikt schon – als du angefangen hast zu studieren, zum Beispiel.« Max zieht seine Hand aus der Tasche und nimmt wortlos meine. Mh, schön warm, denke ich. Als hätte er gespürt, dass es mich fröstelt.

»Ja, stimmt«, sage ich, »da haben wir uns eigentlich genau deshalb getrennt.« »Weil es generell für uns gut war, ein paar Lebensschritte alleine zu gehen«, erinnert Max sich, »aber auch, weil wir zwar wussten, dass wir es füreinander sind, und uns gleichzeitig klar war, dass wir irgendwann an den Punkt gekommen wären, das Gefühl zu haben, vielleicht ganz viel verpasst zu haben. Die stillen Vorwürfe kennen wir beide, denke ich, auch ein wenig von unseren Eltern: das Gefühl, für die Partnerschaft oder die Kinder eigene Pläne, Fantasien, Bedürfnisse hintenangestellt zu haben und es im

Alter doch irgendwie zu bereuen. Bevor wir zehn Jahre später an den Punkt gelangt oder untreu geworden wären, war eine Trennung die naheliegende Lösung. Die Idee ›offene Beziehung‹ kannten wir einfach noch gar nicht. Und selbst wenn, hätten wir es niemals in Betracht gezogen. Wie eifersüchtig du früher warst«, neckt mich Max lächelnd, »alleine der Wunsch danach und diesen zu äußern hätte die Sicherheit in uns so grundlegend erschüttert. Undenkbar!« Ich deute Max, den Arm um mich zu legen. Es ist auf Dauer zwar unbequem, gemeinsam so zu gehen, aber gerade einfach schöner. Max scheint nichts gegen meinen stillen Vorschlag des Arm-in-Arm-Gehens zu haben. Er küsst mich auf meine Schläfe.

Ich merke, wie sehr ich solche kleinen Gesten mag. »Es ist ja auch im Nachhinein total gut und in Ordnung gewesen, dass es diese Trennung gab«, sage ich. »Einfach, weil es wirklich wichtig war, eigene Ideen zu verfolgen und ein bisschen unabhängiger zu sein.«

»Stimmt«, findet auch Max, »und gut, dass wir so früh an dem Punkt waren. Wenn erst einmal die Familienplanung steht, man sein Leben zusammen verbringen möchte und dann vor diesem Dilemma steht, ist so eine Trennung eigentlich keine Option mehr. Wenn dann die Lust auf andere den ehrlichen Wunsch nach gemeinsamer Zukunft unglaubwürdig macht, was dann? Aber um aufs Thema zurückzukommen«, besinnt sich Max auf die Eingangsfrage, »ich weiß auch nicht, wie ich mich langfristig verhalten hätte. Wahrscheinlich wäre ich dir treu geblieben.«

»Mhm. Ich dir, glaube ich, auch«, sage ich und sehe ein paar Meter vor uns einen Igel über den Gehweg huschen. Der wird die kalten Monate auch zur Besinnung nutzen, nur noch etwas gemütlicher als wir. »Ich hätte mich so lange wie möglich zusammengerissen. Ob ich das mein ganzes Leben lang geschafft hätte, weiß ich nicht. Das kann ich nicht mit Sicherheit sagen. Dich zu belügen und zu betrügen wäre zu krass gewesen. Das hätte ich ziemlich wahrscheinlich nicht aushalten können. Schon weil du mir ansiehst, wenn ich lüge – oder ich hätte mich mit viel Mühe so verbiegen müssen, dass es nicht aufgefallen wäre.«

»Das ist wirklich ein hoher Preis, ja«, erwidert Max. »Die Heimlichkeiten verändern in der Beziehung immer irgendwas. Der Betrogene spürt vielleicht einfach nur etwas und weiß nicht, was es ist.« »Und der Betrügende guckt mit Schuldgefühlen oder sogar Mitleid auf den anderen«, ergänze ich. »Ich meine, wenn man sich ganz nah ist, dann merkt man doch, wenn etwas nicht stimmt, oder? Vielleicht auch nicht, ich weiß es nicht.« Ein bisschen wärmer ist mir in Max' Arm schon geworden. »Vielleicht gewöhnt man sich auch mit der Zeit daran. Also ans Fremdgehen«, meint Max. »Es gibt doch so viele Menschen, die schon mal fremdgegangen sind und bei ihren Partnern bleiben.« »Na ja, und dann gibt's ja auch die, die vielleicht Lust auf andere haben, aber treu bleiben, weil der Wunsch nach beidseitiger Exklusivität größer ist.« »Richtig. Und die, die gar nicht erst mit jemand anderem ins Bett wollen.« Max grinst. »Stimmt, die soll es auch geben«, sage ich schmunzelnd.

»Du wärst mir also wirklich treu geblieben?«, fragt mich Max nun ganz direkt, bleibt stehen und fummelt ein altes Taschentuch aus seiner Jackentasche.

»Ja, wie gesagt, ich glaube schon«, beginne ich meine Antwort. »Aber wahrscheinlich hätte ich mit den Jahren immer öfter die Grenzen ausgereizt, wenn ich realistisch bin.«

»Warte, ich muss kurz die Nase putzen«, warnt mich Max und schnäuzt laut in seine Rotzfahne. »Also«, sage ich, als er fertig ist, »es hätte wahrscheinlich harmlos angefangen. Hier mal ein bisschen enger tanzen, vielleicht irgendwann mal knutschen.« Wir beide grinsen uns an. Weil wir beide das Knutschen mit anderen mittlerweile so harmlos finden, dass es uns manchmal schwerfällt, sich an andere, monogame Zeiten zu erinnern. Dabei betraf diese Zeit knapp die ersten acht Jahre unserer gemeinsamen Geschichte, von unserer Trennung während des Studiums einmal abgesehen. Nun haben wir andere Grenzen, und es gibt Paare, die sich nach einmal Fremdknutschen wie selbstverständlich trennen würden. »Aber ich kenne mich auch«, langsam gehe ich weiter, »wenn ich lüge, wird mir total übel, und mir geht es schlecht. Ich kann das überhaupt nicht aushalten. Ich weiß nicht, ob ich mit der Zeit mit dem Fremdgehen hätte leben können, oder ob ich es mir immer wieder neu verboten hätte. In beiden Fällen, also dem Treusein oder Fremdgehen, wäre ich über die Jahre vermutlich nicht so glücklich geworden, wie ich es jetzt bin. – Hättest du denn gut auf die Bestätigung von anderen Frauen verzichten können?« Max guckt etwas irritiert. »Darum geht es mir in der Hauptsache gar nicht. Ich will einfach Spaß mit anderen haben. Das steht für mich im Vordergrund«, meint Max. »Für mich ja auch«, erwidere ich, »aber ich genieße es auch total, wenn mich jemand toll findet. Also er muss sich nicht direkt in mich verlieben, aber ich bin schon gerne etwas Besonderes für jemanden.«

»Ja, da unterscheiden wir uns vielleicht ein bisschen. Mich stört es nicht, wenn ich nicht die Nummer eins für meine Affäre bin. Die Zeit mit der Frau ist ja trotzdem schön, ob sie nun eigentlich doller für jemand anderen schwärmt oder nicht.« Max läuft nun auch weiter. »Ja, das stimmt schon«, ich gehe ebenfalls weiter, »aber bei ausgewählten Männern und zumindest in der Anfangszeit will ich nicht eine unter vielen sein.« »Moa. Kann ich schon verstehen, aber das muten wir den anderen ja auch jedes Mal zu«, meint Max. »Jaha, ich weiß.« Ich rolle gespielt mit den Augen. »Mir ist schon klar, dass das, rational gesehen, bescheuert ist. Aber ich genieße es dann halt einfach so, wenn ich für kurze Zeit ein kleines bisschen auf neuen Händen getragen werde.«

»Es sei dir gegönnt«, lacht Max und nimmt jetzt wieder meine Hand.

»Mich hat dieses ganze Treuethema jedenfalls sehr nachdenklich gemacht«, resümiere ich. »Weil ich immer wieder mitbekomme, wie Freunde von mir bei dem Thema Treue kalte Füße bekommen.«

»Ja, vor allem dann, wenn es um das Thema Heiraten geht. Das ist halt für alle irgendwie immer noch die endgültige Entscheidung für einen sexuell exklusiven, lebenslangen Partner«, sagt Max und zeigt auf eine Abzweigung, die uns nach Hause führen wird. Gute Idee, mir ist kalt, es reicht auch langsam mit Draußensein.

»Das Modell der Monogamie wird, glaube ich, nie aus der Mode kommen«, gebe ich Max recht, »und trotzdem fällt es vielen so schwer, sich an die Regeln dieser Idee zu halten. Ich meine, es gehen doch so viele Leute irgendwann fremd. ›Lebenslange Monogamie‹ ist doch wirklich zur Seltenheit geworden. Ich finde es fast tragisch, dass Fremdgehen ein Hauptgrund für Trennungen ist, wenn auf der Gefühlsebene eigentlich noch alles oder vieles passt.«

»Ja, es ist schon strange. Oft ist das Fremdgehen vielleicht auch der heimliche Entschluss, sich innerlich bereits ein wenig zu distanzieren. Wenn es auffliegt, ist es halt vorbei – und wenn nicht, hat man eine gute Zeit«, entgegnet Max. »Aber bei eigentlich ›intakten Beziehungen‹ ist es schon besonders. Die heimlichen Fremdgeher würden sich vielleicht jedes Mal wieder für eine monogame Beziehung entscheiden und führen dann heimlich doch eine offene. Man hat vielleicht, oder: hoffentlich! ein schlechtes Gewissen«, Max hebt theatralisch den mahnenden Zeigefinger, »aber muss sich immerhin nicht mit den Unsicherheiten herumplagen, denen man sich stellen muss, wenn der eigene Partner mit anderen Sex haben darf.«

»Für manche ist das Verbotene ja vielleicht auch der entscheidende Reiz«, gebe ich zu bedenken. »Was ich daran nur schlimm finde, ist, was passiert, wenn es rauskommt.« Max grinst: »Nur das findest du daran schlimm?« Ich verdrehe mit gespielter Genervtheit die Augen. »Ich glaube, meistens ist es für den Betrogenen gar nicht in erster Linie schlimm, dass der andere mit jemandem ins Bett gegangen ist«, erkläre ich mich genauer, »das eigentlich Schlimme ist der Vertrauensbruch. Sich hintergangen zu fühlen, weil man ausgespart wurde, nicht mitreden durfte. Nicht mehr der Verbündete des eigenen Partners ist. Der andere einfach sein Ding durchgezogen hat.« Wir überqueren die Straße. Ich bin so tief im Thema versunken, dass ich die Pfütze vor mir nicht bemerke und genau durchstiefle. Na toll, jetzt also auch noch nasse Füße. Zeit, nach Hause zu kommen. Badewanne und Essen.

»Zwei Gedanken dazu:«, holt Max aus. »Häufig geht es gar nicht vordergründig um die Person, mit der Leute fremdgehen. Das Abenteuer reizt, meist ist die oder der andere fast ein bisschen austauschbar. Aber weil es heimlich und verboten passiert, steht auf einmal die dritte Person im Mittelpunkt: ›Was hat sie, was ich nicht habe?‹, und das ist doch total am Thema vorbei. ›Jede andere hat, was du nicht hast‹, wäre die ehrliche Antwort. Sie ist nämlich einfach nicht du. Sie ist die Unbekannte.«

»Okay, ich kann dir folgen, bin aber nicht sicher, ob die andere Person wirklich so oft egal ist«, antworte ich. »Was ist denn nun dein zweiter Punkt?« »Na ja«, sagt Max, »mir wird manchmal vorgeworfen, ich würde Sex so wichtig finden.«

»Tust du doch auch!«, jetzt grinse ich. »Ja, na klar ist Sex wichtig. Aber mir eben nicht so wichtig, als dass ich es zu dem einen Kriterium machen würde, um Exklusivität zu definieren. Wenn in einer Beziehung eigentlich alles mit anderen erlaubt ist, also enge Freundschaften, tanzen gehen, vielleicht alleine in den Urlaub fahren, lange Abende mit aufwühlenden Gesprächen, ›normale Dinge‹ halt, nur das eine ist verboten. Dann wird Sex doch zu etwas total Wichtigem.«

»Ich verstehe, was du meinst«, sage ich. »Für viele ist das wohl einfach so. Und wird es auch sicher bleiben. Die eine für den anderen aufgehobene Sache. Das hat schon etwas Romantisches.« »Ja, und es macht Sex zu etwas derbe Wichtigem. Wenn sich an die monogamen Regeln nicht gehalten werden kann, dann folgt die Trennung. Superromantisch«, zieht Max es ins Lächerliche. »Nein, ich kann das schon irgendwie verstehen. Wir haben das ja auch lange so gelebt«, lenkt Max ein. »Ja! Man einigt sich nun einmal ›stillschweigend‹ auf diese Idee, und wenn das Vertrauen missbraucht wird, weil man so hart belogen wurde, ist das schwer zu kitten. Wenn aber wirklich die Untreue mehr das Problem ist als der tatsächliche Sex, warum dann Sex mit anderen nicht einfach erlauben?«, lache ich. »Ich meine, eine offene Beziehung soll ja kein Ersatz für glücklich monogame Beziehungen sein. Wenn beiden nichts fehlt, dann ist das doch perfekt. Aber sie kann eine Möglichkeit sein, das Dilemma Treue und Abenteuerlust zu lösen, ohne Trennung und Fremdgehen.« Ich merke, wie sich das Pfützenwasser seinen Weg durch meine dicken Socken bahnt. Argh!

»Wer weiß, ob wir uns treu geblieben wären. Es ist in den letzten zehn Jahren immer anders gekommen, als wir dachten. Gut anders. Wir hätten früher niemals gedacht, dass wir heute eine offene Ehe führen würden. Ich bin wirklich froh, dass ich mir die Frage nach treu oder untreu in der Form gar nicht stellen muss«, seufzt Max erleichtert. Er legt einen Zahn zu. Max hat also auch genug vom Spazierengehen. »Ich bin auch froh. Über dich. Über mich. Und über uns. Es ist schon sehr in Ordnung so, wie wir es machen, oder?«, frage ich Max. »Doch, ich finde das auch sehr in Ordnung. Und ich finde dich sehr in Ordnung«, meint Max lächelnd zu mir, bleibt mitten auf der Straße stehen und zieht mich an sich. »Gott, bin ich so froh, dass wir unseren Weg zusammen gefunden haben. Und dass wir gleich zu Hause im Warmen sind und Pizza bestellen.«

VON SCHLECHTEN
GROSSSTADTKÜSSEN

Ich wohne jetzt seit zwei Jahren nicht mehr in Berlin, aber ich denke noch oft an diese Zeit zurück. Es war eine wichtige Zeit. Ich hatte das Gefühl, alles sei möglich, lebte frei und aus dem Bauch heraus. War dabei, mich selbst wiederzufinden. Neue Seiten an mir zu entdecken. Mehr zuzulassen. Mich sexuell auszuprobieren, gehörte für mich auch dazu. Ich hatte Dates, lernte durch sie noch mehr über mich und was ich wollte. Was ich nicht wollte. Von Männern. Von Frauen. In dieser Zeit machte ich einige meiner wichtigsten Erfahrungen in Sachen Sex. Wunderschöne, ausgelassene und freie, wie die mit Ben. Oder im Nachhinein lustig verwirrende, wie meine Nacht mit Jan, der noch etwas Nachholbedarf in Sachen Oralsex hatte. Und dann gab es da noch diese Begegnung mit einem Mann, der mir eine echte Lektion in Sachen Küssen und Sex erteilen sollte.

Irgendwo zwischen Käsetheke und Spirituosenabteilung lerne ich Paul kennen. Paul ist gut aussehend, groß und einer der Männer, die äußerlich nicht alt werden. Wir tauschen unsere Nummern und treffen uns eine Woche später wieder. Wir verstehen uns gut. Richtig gut. Sitzen in der warmen Frühlingsluft rauchend am Kanal in Neukölln, bis es dunkel wird. Reden über Musik, unsere Träume, das Leben. Er ist wunderbar entspannt, unkompliziert, anziehend. Eigentlich also ein super Typ. Eigentlich sogar der perfekte Kandidat, um sich in eine kleine Liaison zu stürzen. Eigentlich könnte alles so schön sein. Eigentlich. Denn die Geschichte hat einen entscheidenden Haken, wie ich gleich herausfinden werde: Er kann nicht küssen. Wirklich gar nicht küssen. Also mich nicht. Und ich ihn nicht. Es ist das Gegenteil von passend.

Wir rücken immer enger zusammen und schauen uns tief in die Augen. Verheißungsvoll. Vielversprechend. Dieser Moment ist so aufgeladen, so prickelnd. Langsam nähern sich unsere Münder. Zentimeter für Zentimeter, bis sie endlich zusammentreffen. Und dann nimmt das Grauen seinen Lauf. Ich weiß nicht, wie er es anstellt, aber irgendwie formt er seinen Mund vogelartig zu einem Schnabel. Gleichzeitig bekommt er es hin, dabei viel zu viel Spucke zu verlieren, als er anfängt, meine Lippen zu picken. Ja, eine andere Beschreibung dafür fällt mir beim besten Willen nicht ein. Ein sehr, sehr feuchtes Picken. Furchtbar. Als er – warum auch immer – in Fahrt kommt, wird aus dem Picken ein ausladendes Schnappen. Ein halb aufgerissener Mund stürzt sich angriffslustig auf meinen und hinterlässt nach dem Zuschnappen eine weitere Sabberspur. Abwechselnd dazu setzt er seine Zunge ein. Tief und wulstig dringt sie in mich ein. Mein Würgereflex lässt grüßen. Seine Kusstechnik ist dabei so dominant, dass ich das Gefühl hatte, mit meinen Gegenangeboten nicht durchzudringen. Im wahrsten Sinne. Paul ist überall. Es scheint ihm zu gefallen. Ich breche irgendwann frustriert ab und gehe bald nach Hause. Manno! So ein toller Mann und dann das!? Dabei liebe ich Knutschen so sehr. Ich könnte das stundenlang machen. Küsse mit dem perfekten Zusammenspiel aus einigermaßen trockenen (!) Lippen und dem richtigen Zungeneinsatz sind das Schönste. Mal verspielt mit den Zungenspitzen und ja, auch mal tief und eng umschlungen. Zwischendurch immer wieder die Lippen, die sich liebkosen, sich gegenseitig anknabbern, aneinander saugen. Aber das? Das ist nichts. Für mich jedenfalls nicht.

Grundsätzlich gibt es sicher für jeden Küsstyp auch das passende Gegenstück. Auch für Paul. Ich bin das aber leider definitiv nicht. Schade.

Monate später ist Sommer. Mein bester Berlinfreund feiert seinen Geburtstag in unserer Stammkneipe am Boxi. Alle sind da. Wir legen 90er-Jahre-Trashmucke auf, liegen uns in den Armen, tanzen und singen laut mit. Auf einmal ist Paul da. Sein Kumpel kennt meinen Kumpel und so weiter. In Friedrichshain ist die Welt eben wirklich nur ein Dorf. Er sieht immer noch so toll aus, begrüßt mich genauso euphorisch wie ich ihn und lässt sich sofort von unserer Stimmung mitreißen. Als wir irgendwann völlig atemlos und verschwitzt an der Bar stehen, sehe ich ihn an und denke an unsere bisherigen Treffen. Das war schon ziemlich cool mit Paul. Aber warte, da war doch irgendwas? Ach ja, das mit dem Küssen. War es wirklich so schlimm? Kann doch nicht sein. Ich hab mich bestimmt nur nicht richtig drauf eingelassen. Wir finden uns augenscheinlich so toll, das kann uns doch nicht so im Weg stehen?

Ich öffne meine Wohnungstür. Schon im Hausflur sind wir übereinander hergefallen. Erst denke ich, »Ach, so schlimm ist es diesmal gar nicht«. Und irgendwie stimmt es auch. Wir sind bei »mit Wohlwollen ganz gut hinzunehmen« angekommen. Wir landen auf meinem Bett, ziehen uns aus. Alles geht schnell. Seine Hände auf meinem Körper sind unerfahren. Irgendwie ist es eher ein Wischen als zärtliches Streicheln.

Als er ein paar Minuten später in mich eindringt, fühlt es sich erst richtig gut an. Ich liege unten. Er auf mir. Dann fangen wir an, uns zu bewegen. Stille. Nur das Knarzen von meinem alten Bett ist zu hören. Das habe ich wirklich noch nie erlebt. Was soll denn das jetzt schon wieder? Wir bewegen uns jeweils in völlig anderem Takt. Ein einziges unkoordiniertes Aneinanderstoßen. Es ist schrecklich. Wenn ich mein Becken von unten auf ihn zubewege, ist er mit seinem plötzlich schon wieder weg. Wenn ich es wieder absenke, werde ich urplötzlich von seinem schwungvoll in die Matratze geworfen. Ich versuche mein Bestes, mich auf seinen Rhythmus einzustellen, ihn vorherzusehen, aber es ist hoffnungslos. Schlimm genug, dass ich überhaupt darüber nachdenken muss. Ich weiß nicht, ob ich laut loslachen, die Hände über dem Kopf zusammenschlagen oder die versteckte Kamera suchen soll. Wie können sich zwei Menschen nur so ungleich zueinander bewegen?

Ich gebe der ganzen Sache noch eine zweite Chance, indem ich mich auf ihn setze, aber selbst das will nicht gelingen. Wenn er wenigstens einfach nur daliegen würde, dann könnte ich ja den Rest übernehmen. Aber nein, er will aktiv mitmachen. Stößt wie ich vorher von unten nach oben, und wir sind wieder da, wo wir angefangen haben. Es ist aussichtslos. Für mich jedenfalls. Er kommt ungefähr fünf Sekunden nach diesem Gedanken. Er bleibt nicht über Nacht. Die Verabschiedung ist irgendwie höflich. Miteinander leicht sein ging vorhin auf der Tanzfläche irgendwie besser. Aber wir reden nicht drüber. Ist uns wohl beiden etwas unangenehm.

Rückblickend bin ich sehr dankbar über diese Erfahrung. Jahre später küsste ich einen Mann, den ich die Schildkröte nenne. Denn er küsste wie ebendiese. Wie eine Schildkröte, die nach einem Salatblatt schnappt. So schnell Schildkröten eben schnappen. Und das ohne Zunge. Die lag einfach nur da. Diesen Mann fand ich mindestens so großartig wie Paul. Aber anders als mit Paul ging ich nicht mit ihm ins Bett. Schlechte Küsse = schlechter Sex, schrien meine Alarmglocken, das hatten wir doch schon, remember? Also sagte ich Ade.

Zwischen Top und Flop liegen beim Sex bekanntlich Welten. Natürlich ist es großartig, wenn es von alleine sofort toll läuft. Ich mich gleich fallen lassen kann. Intuitiv weiß, was ihn anmacht. Er weiß, wie er mich anfassen soll. Aber so ist es leider nicht immer. Und das ist doch auch erst mal kein Problem. Gerade bei einem neuen Liebhaber geht es vielleicht eher darum zu sehen, ob das Potenzial besteht, sich zukünftig eine schöne Zeit zu machen. So richtig, richtig gut werden meist erst die Male danach, wenn man sich etwas besser, aber auch noch nicht zu gut kennt.

Bei alldem bin ich für meine Lust selbst verantwortlich. Das haben mich Erfahrungen wie diese gelehrt. Ich lege mich nicht einfach hin und lasse den Mann machen. Er ist nicht dazu da, zu erraten, was ich mag. Ich andersherum auch nicht. Wir sind auf unser gegenseitiges Feedback angewiesen. So habe ich irgendwann einfach angefangen, deutlicher zu werden, wenn mein Stöhnen, meine Körpersprache nicht als »Gerne mehr«- oder »Bitte nicht so«-Signale verstanden wurden. Ich nehme beispielsweise seine Hand, positioniere sie an der Stelle, wo sich tatsächlich meine Klitoris befindet. Zeige ihm die für mich angenehmen Bewegungen, den richtigen Druck. Gebe ihm beim Lecken klitzekleine Hinweise, wenn nötig: »Mehr«, »ein bisschen weniger«, »das fühlt sich gut an«, »hör bitte nicht auf«. Ich selbst finde es sexy, wenn mir ein Mann zeigt, wie hart ich seinen Schwanz anfassen soll. Mir sagt, was ihn geil macht. Ob er es beim Blasen schneller oder langsamer mag. Andersherum sind die Männer meist ebenso dankbar für meine Rückmeldung. Und um ehrlich zu sein, hätte ich auch keine Lust, mit jemandem zu schlafen, der an meiner Lust kein wirkliches Interesse hat und beleidigt ist, wenn ich meinen Körper besser kenne als er. Denn ist das nicht genau das Reizvolle? Die eigene Lust und die des anderen kennenzulernen und sie gemeinsam zu erleben?

Ich ging nach Berlin für einen Neuanfang. Und den bekam ich. Beruflich, in meiner Beziehung zu Max, im Bezug auf mich selbst. Ich lernte Spannendes über mich, meinen Körper, meine Sexualität. Hatte dabei witzige bis völlig absurde Dates. Tanzte durch die Straßen. Lachte aus vollem Herzen. Gewann die besten Freunde der Welt. Fand meine große Liebe wieder. Fand mich wieder. Danke, Berlin!

LIPPENBEKENNTNIS

Es ist Weihnachten. Fiona, Kati und ich treffen uns dieses Mal in Katis Wohnung – und damit auch in unserer Heimatstadt –, um uns auf den neusten Stand zu bringen. Der Erzähldrang ist riesig, und so kommt es, dass wir binnen weniger Minuten mit Sekt bewaffnet auf Katis Sofa und Sitzkissen hocken und uns schon mitten im Updatemodus befinden. Dass im Laufe des Abends vor allem unsere Vulvas Gesprächsinhalt werden würden, war zu diesem Zeitpunkt überhaupt noch nicht abzusehen.

Fiona berichtet, dass sie nun die Kanzlei ihres Vaters übernehmen und deshalb ihre Stelle kündigen werde. Ich erzähle von meiner Arbeit als Songwriterin und den vergangenen Musikvideoproduktionen, aber vor allem, dass ich angefangen habe zu schreiben und meine eigene Kolumne in einem Onlinemagazin veröffentlicht wird. Eine gute Berliner Freundin arbeitet bei diesem Magazin und fragte mich eines Nachts während eines Berlinbesuchs in unserer alten Stammkneipe, ob ich nicht Lust hätte, meine Sex- und Datinggeschichten aufzuschreiben. Ich trank meinen Sambuca aus und sagte zu. Allerdings hatte ich bis zu diesem Zeitpunkt noch nie etwas »Richtiges« geschrieben. Aber wer nicht wagt, der nicht gewinnt, dachte ich mir und legte los. Und wer weiß, vielleicht würde ja sogar mehr daraus.

Kati spricht von ihrer Abschlussarbeit und dem bald endenden Studium. »Puh, was danach kommt? Noch überhaupt keine Ahnung, um ehrlich zu sein.« Sie trinkt ihr Glas in einem Zug leer und schenkt sich nach. »Ich glaube, du kannst dich entspannen«, spreche ich ihr Mut zu. »Du bist toll, und die richtig guten Dinge laufen einem eh irgendwie über den Weg.« »Ja, noch bin ich auch ganz entspannt, sag mir das aber bitte noch mal, wenn ich in 'nem Jahr noch nichts gefunden hab, okay?«, grinst Kati und schenkt uns auch noch mal nach. Wenn das so weitergeht, bin ich in zwanzig Minuten sternhagelvoll. Ich beobachte meine beiden Freundinnen, und mir wird wieder einmal klar, was für tolle Menschen ich um mich habe. Alle zeichnet etwas ganz Besonderes aus, und allesamt gehen sie ihren ganz eigenen, mutigen Weg.

Fiona kann Max und meinen Weg, unsere Beziehung zu gestalten, mittlerweile richtig gut annehmen. Sie fragt mich sogar ganz selbstverständlich nach meinen Abenteuern und Affären aus. Sie kann es zum Beispiel gar nicht ertragen, dass es noch keine Neuigkeiten von der Noahfront gibt. Über ihn haben wir öfter gesprochen, und sie fand es total gut, dass er sich entschlossen hat, noch mal mit Marie zu sprechen. Auch, wenn Fiona da eigentlich schwarzsieht und meint, dass sie sich an Maries Stelle nicht vorstellen könne, Noah mehr Freiheiten zu erlauben. Aber sie meint auch, dass sie es von Noah richtig findet, ihr überhaupt die Möglichkeit zu geben, etwas dazu zu sagen und nicht einfach fremdzugehen. Und ich glaube, das ist auch der Grund, warum Fiona Max und mich wieder richtig annehmen kann. Sie hat unsere Beziehung verstanden und unsere Ehrlichkeit miteinander zu schätzen gelernt.

Anders als manch anderer in meinem Umfeld. »Und das funktioniert? Kann ich mir nicht vorstellen. Das kann doch keine Liebe sein«, meinte kürzlich die neue Freundin meines guten Freundes Andi mit hochgezogener Augenbraue. »Natürlich funktioniert das, ich lebe doch nicht in einer Beziehung, die nicht funktioniert und in der keine gegenseitige Liebe da ist«, versuchte ich noch einigermaßen höflich zu antworten, weil ich weiß, wie toll Andi seine Angebetete findet. Was ich in ihrem erzürnten Blick vor allem sah, waren Wut und Angst. Was dachte sie, dass ich jeden Typen bumsen würde, nur weil ich darf? Keine Sorge, Schätzchen, Andi gehört ganz dir.

Ich werde aus meinen Gedanken gerissen, als ich das Wort Bodyshaming vernehme. Oh, Kati erzählt gerade doch noch mal Genaueres von ihrem Abschlussprojekt. Mist, ich hab nicht richtig zugehört, wie blöd.

»... und deshalb wollte ich dich fragen, ob du mir mit deiner Vulva Modell stehen könntest«, höre ich sie noch fragen und sehe, wie mich beide Freundinnen erwartungsfroh angucken.

»Ähm, was?«, frage ich verdutzt nach. »Sorry, ich war total in Gedanken. Warum soll ich dir Modell stehen? Mit meiner Mumu? Äh, ja, okay. Sag noch mal, worum es genau geht.«

»Also«, beginnt Kati erneut zu erklären, »ich habe mitbekommen, dass es inzwischen sogar schon Schönheitsoperationen für Vulvas gibt. Scheinbar gibt es irgendwie einen Trend dahin gehend, dass Frauen meinen, ihre Punani operativ verschönern oder verjüngen lassen zu müssen.« »Wie bitte? Ein Schönheitsideal für die Vulva? Das ist ja total absurd!«, meine ich. »Ganz genau, und deshalb setze ich mich damit innerhalb meiner Abschlussarbeit auseinander. Wie genau, ob gemalt oder nachgeformt, weiß ich noch nicht. Ich will erst mal Skizzen anfertigen und dann gucken, was ich genau damit anfangen will. Du bist also am Start?«, Kati guckt mich herausfordernd an. »Natürlich bin ich am Start«, grinse ich zurück.

Fünf Minuten später sitze ich, einen weiteren Sekt trinkend und untenrum nackt, Modell und bin froh, dass die Heizung so doll aufgedreht ist. Draußen fällt nämlich der erste Schnee in diesem Jahr. Ich sitze besinnlich, mit gespreizten und angewinkelten Beinen auf einer großen Decke und schaue den anderen dabei zu, wie sie mich anschauen. Kati wandert mit ihren Blicken immer wieder zwischen ihrem Block und mir hin und her. Konzentriert, schweigend und vertieft. Fiona hingegen schnattert aufgeregt über ihre Hochzeitsvorbereitungen. Über Frisuren, die Schleierfrage und welche Farben unsere Brautjungfernkleider haben sollen. Brautjungfernkleider? Oh nein, bitte nicht! In der Farbe Flieder? Hilfe! Das finde ich wirklich ein bisschen schlimm. Aber ich werde natürlich eine gute Freundin sein und meine Meinung verschweigen, mich brav in das Kleid zwängen und mit Kati und Max dafür sorgen, dass die Meute irgendwann barfuß und ausgelassen tanzt und ordentlich abpackt.

Plötzlich hält Fiona inne: »Anna, es ist echt krass, wie doll du rasiert bist, da ist ja fast gar nichts mehr!«, platzt es aus ihr heraus, nachdem sie neben ihren aufgeregten Ausführungen scheinbar die Zeit fand, mich untenrum ausgiebig zu mustern. »Trägt man das jetzt so?« Eine kurze Umfrage später ist klar, dass das Schamhaarfrisurenbattle irgendwie unentschieden ausgeht. Kati trägt Busch, ich im Prinzip nichts und Fiona etwas gestutzt. Einmal beim Thema, geraten wir in eine Diskussion darüber, auf welche Untenrumfrisur Männer denn im Allgemeinen so stehen. Und ich muss sagen, wenn ich meine eigene Statistik so betrachte, gibt es zumindest bei mir sehr klare Tendenzen. Die meisten Männer mochten es tatsächlich eher rasiert. Nicht komplett rasiert, aber sehr, sehr, sehr gestutzt. Dann gab es ein paar, die es am liebsten komplett rasiert liebten, und ein paar wenige, die es ganz natürlich mochten.

»Das sieht doch total mädchenmäßig aus, so ohne irgendwas dran. Du bist doch eine Frau, keine Zwölfjährige!«, reagiert Fiona auf meine Ausführungen. »Fühlst du dich damit nicht total bescheuert?«, fragt sie weiter, in ihrem typischen Bollerton, der manchmal aus ihr herausbricht, wenn sie sich über irgendetwas aufregt. »Nö, ich find's gut so, sonst würde ich es doch nicht so tragen«, erwidere ich trocken und beiße in eins der Plätzchen, das neben meiner Tasse auf einem kleinen Teller liegt. Mittlerweile kann ich ganz gut mit ihrem oft anklagend klingenden Ton umgehen. »Ich hab eigentlich alles schon mal ausprobiert«, fahre ich weiter fort. »Eine Zeit lang hatte ich mal einen Liebhaber, der es toll fand, wenn Frauen ihre Schamhaare einfach ganz natürlich wachsen ließen. ›Das riecht dann immer alles so gut da unten‹«, mache ich ihn nach. »Und dieser Geruch machte ihn echt wahnsinnig. Das war wirklich krass. Und ziemlich heiß. Ich hatte sie zu dem Zeitpunkt eh länger nicht rasiert, weil ich es unbedingt mal wieder ausprobieren wollte. Und ich muss sagen, ich fand es zur Abwechslung mal ganz interessant, so mit richtigem Busch da unten. Ich wusste gar nicht mehr, wie sich das anfühlt. War also eine Win-win-Situation.«

»Ja, ich find, es fühlt sich total gut an, unrasiert zu sein. Geschützt irgendwie. Und ich muss sagen, ich finde es auch einfach voll ästhetisch und schön«, erwidert nun Kati und blickt von ihrem Zeichenblock auf. »Ich finde es so behaart einfach fraulicher. Für mich ist es eine Art Statement geworden, ich hab auch wieder Achsel- und Beinhaare. Weil ich darauf Bock habe und dem allgemeinen Trend nicht entsprechen will.«

»Ja, ich glaube, viele Frauen lassen sich total vom gängigen Schönheitsideal regieren und finden es schon ganz schlimm, wenn sie auf ein Date mit Stoppeln an den Beinen gehen. Ich fühle mich glatt rasiert auch wohler, aber ich würde mir niemals guten Sex entgehen lassen, weil ich irgendwo Stoppeln hab. Ich glaube, das hinterfragt kaum eine. Also, was anerzogenes oder eigenes Ideal ist. Aber wie gesagt, jede, wie sie Bock drauf hat. Ich mag's untenrum grad lieber ohne ein Haar«, sage ich und zeige auf das Offensichtliche. Kati meint: »Ich find's halt Kacke, wenn frau sich ausschließlich nach den Kerlen oder der Masse richtet. Da kotzt mein Emanzenherz!« »Hahaha, word!«, stimme ich ihr lachend zu.

»Aber warum finden Männer denn rasierte Muschis so viel toller? Mir hat das Fritz neulich nämlich auch vorgeschlagen. Ich könnte mich doch mal doller rasieren. Das fand ich irgendwie uncool«, beschwert sich Fiona und geht zur Balkontür, um eine neue Flasche Sekt von draußen reinzuholen. »Erstens finden es ja nicht alle Männer besser. Max zum Beispiel ist es total egal«, erwidere ich. »Und zweitens glaube ich, dass viele Männer die Haare zum Beispiel beim Lecken stören. Sie finden es einfach heißer und schöner, über Haut und nicht über Stoppeln zu lecken. Und viele finden es vor allem hygienischer ohne Haare.« »Wobei es für die Vagina selbst eigentlich gesünder wäre mit Haaren«, wirft Kati ein, »weil die Haare natürlich Bakterien und Keime davon abhalten, einzudringen.«

»Ja, da hast du recht«, stimme ich ihr zu und äffe dabei ein wenig ihren Oberlehrerton nach. »Wahrscheinlich finden viele genau diese Vorstellung total unangenehm. Es ist aber eh krass, wie hygienefanatisch viele Leute mittlerweile sind. Immer rasiert, alles immer eingecremt und ganz doll nach Parfum riechend. Kein Wunder, dass sich viele den oder die Falsche aussuchen, wenn wir bei der Partnerwahl geruchstechnisch so hinters Licht geführt werden. Aber noch mal im Ernst. Mir selbst geht's eher darum, dass ich das Gefühl einfach schöner finde, wenn die Zunge vom Mann und meine Haut nichts trennt.«

Fiona öffnet mit angestrengtem Gesicht die Flasche. »Aber

an den entscheidenden Stellen sind doch gar keine Haare, wieso soll denn der Rest auch ab?«, hakt Fiona noch einmal genauer nach, als der Korken endlich draußen ist. »Manche Typen wollen halt alles da unten genau erkunden können«, erwidere ich. »Ohne Haare. Ich mag das, wie gesagt, auch lieber, wenn da gar nichts ist und ich genau spüre, was genau er da bei mir macht. Aber da sind halt alle unterschiedlich. Ich würde Fritz' Wunsch da nicht so persönlich nehmen. Er findet dich deshalb ja nicht weniger toll. Hallo, wir reden von Fritz! Fritz ist ungefähr der liebste Kerl der Welt. Du sagst ihm doch auch, wenn dich die Stoppeln in seinem Gesicht nerven, oder nicht?«

»Gibt es überhaupt Typen, die gerne lecken?«, wirft Kati nun fragend in den Raum und hält Fiona ihr Glas hin. »Hä? Na klar!«, rufen Fiona und ich lauthals im Chor. »Auch, wenn es nicht jeder kann!«, füge ich kichernd hinzu und lasse mein Glas ebenfalls befüllen. »Aber wieso fragst du dich, ob es Männer gibt, die gerne lecken?« »Na, weil ich bisher, glaube ich, nur ein oder zwei Männer hatte, die das richtig geil fanden, und der Rest eigentlich gar nicht«, sagt Kati und legt nun den Stift ganz beiseite. Der Sekt und das Thema scheinen wichtiger. »Oh Gott, das ist ja furchtbar!«, sage ich mit ehrlichem Mitgefühl. »Ja«, fährt Kati fort, »bei manchen hatte ich das Gefühl, sie machen es nur mir zuliebe. Und dann hatte ich irgendwann keinen Bock mehr drauf.« Ich setze mich auf und wickle die Decke, auf der ich gerade noch gelegen habe, fest um mich. »Es ist doch mit das Schönste beim Sex! Wie gesagt, vorausgesetzt, der Mann weiß, was er tut. Aber ich muss auch sagen, ich steh halt auch generell sehr auf Oralsex.« »Ja, die Männer haben sich von mir auch gerne einen blasen lassen, aber umgekehrt hatten sie keinen Bock drauf«, stellt Kati etwas frustriert fest. »Und das auch ganz unabhängig von meiner Schamhaarfrisur.« »Mh. Ich meine, so richtig was machen kann man da auch nicht, oder? Wenn einer auf irgendwas im Bett keinen Bock hat, dann ist das halt so. Schade, ja, aber ich will mich umgekehrt auch nicht schlecht fühlen, wenn ich irgendwas nicht so mag«, argumentiert Fiona ruhig. Gleichzeitig trinken wir drei aus unseren Gläsern und lassen das Gesagte kurz sacken.

»Aber deinen Frust kann ich schon verstehen«, nehme ich das Gespräch wieder auf. »Ein Sexleben ohne Oralsex wäre für mich, ehrlich gesagt, nichts. Ich liebe es, geleckt zu werden. Und ich mag es sehr, einem Mann einen zu blasen.«

»Das mag ich zum Beispiel nicht so gerne«, sagt Fiona. »Ich mache es Fritz zuliebe ab und an mal. Weil ich es schon mag, wenn es ihm Lust bereitet. Aber eigentlich finde ich andere Sachen schöner. Ich muss aber auch sagen, dass ich, ehrlich gesagt, gar nicht so genau weiß, wie ich es am besten machen soll. Ich bin immer total unsicher. Deswegen hab ich natürlich nicht so mega Bock drauf. Vielleicht wäre es anders, wenn ich da mehr Sicherheit hätte. Mir hat halt Chris damals, nachdem er mit mir Schluss gemacht hat, gesagt, dass ich es überhaupt nicht draufhätte, und seitdem meide ich das Thema einfach.«

»Chris ist auch der größte Vollidiot vor dem Herrn! Auch zehn Jahre später noch«, rege ich mich auf. »Und wenn es ihm nicht gefallen hat, dann hätte er dir doch auch einfach sagen können, wie er es lieber mag. Aber weißt du was? Wenn Kati meine Punani fertig gemalt hat, dann nehmen wir uns 'ne Banane, Kati, hast du eine?« Kati nickt. »Und dann zeig ich dir mal, wie ich es mache, okay? Vielleicht fühlst du dich dann sicherer. Ich hab da so ein paar spezielle Moves«, zwinkere ich ihr zu. »Aber unabhängig davon kannst du doch mit Fritz auch über so was reden, oder? Also ihn fragen, was ihm gefällt?«

»Mh, ja, bestimmt schon. Aber ich selbst rede eigentlich nicht gerne darüber. Also mit euch fällt mir das leichter, und ich lasse mir gerne zeigen, wie du das machst, aber mit meinem Freund drüber reden? Ich finde es gut, wenn es einfach so von alleine funktioniert und gut ist. Man sollte nicht alles zerreden. Das ist doch auch voll abturnend, findet ihr nicht?«

»Nein, überhaupt nicht«, antworte ich sofort. »Ich finde gerne heraus, was mein Sexpartner mag und was nicht. Und wenn er es mir sagt, auch gut. Sonst entsteht doch genau diese Unsicherheit, von der wir gerade reden. Ist doch voll schade. Vielleicht geht es den Typen, mit denen Kati bisher was hatte, ja auch so. Dass sie einfach nicht wussten, wie man eine Frau oral befriedigen kann, und es deshalb lieber gelassen haben. Zu Katis Leidwesen«, füge ich schmunzelnd hinzu. »Wir Mumus sind halt, wie die Penisse auch, kleine Mysterien. Nehmen wir mal nur uns drei. Wir werden garantiert alle unterschiedliche Dinge geil finden. Ich mag es manchmal doller, und manchmal muss es krass zärtlich sein, damit ich kommen kann. Also je nach Tagesform und Laune unterschiedlich. So leicht ist es für den Mann halt nicht, das zu erahnen. Vor allem dann nicht, wenn wir nur daliegen und kaum Regung zeigen. Wie sollen sie denn herausfinden, was wir mögen, wenn wir es sie nicht wissen lassen? Und andersrum. Hast du den Typen denn gesagt, was sie bei dir machen sollen?«, beende ich meinen kleinen Monolog und gucke Kati fragend an. »Ja, schon irgendwie«, sagt Kati und macht die Tafel Schokolade auf, die neben ihrem Zeichenblock liegt. »Es fällt mir immer etwas schwer, weil ich beim Sex nicht die forscheste und extrovertierteste Person bin. Ich bin ja auch sonst eher ruhig und besonnen.« »Ja, schon, aber auch sehr klar und deutlich«, stelle ich fest. »Ich sage schon was«, meint Kati und bricht sich ein Stück der Schokolade ab. »Oder zeige es. Ich turne aber keine krassen Übungen vor oder stöhne mir einen ab. Ich versuche zu zeigen, was ich mag. Allerdings nicht mehr so deutlich wie früher. Ich hab ein paar Mal was zu ein, zwei Typen gesagt, und die waren dann super beleidigt und die Stimmung demnach im Arsch.«

»Also, ich hab mich auch schon mal zurückgenommen, weil ich dachte, die Stimmung ginge dann kaputt, und am Ende war alles irgendwie komisch. Also nicht im Sinne von lustig, sondern irgendwie seltsam.« Ich erzähle ihnen die Geschichte von Jan und seiner Millimeterarbeit. Die beiden können nicht mehr vor Lachen. Ihnen laufen die Tränen nur so die Wangen hinunter, und ich kann nicht anders, als bei diesem Anblick laut mit einzusteigen. Diese Geschichte verlangt wahrlich nach einer weiteren Runde Sekt. Kati lässt sich wie immer nicht lange bitten und schenkt uns allen nach. Ich erhebe mein Glas, unsere Gläser klirren. »Lasst uns also darauf trinken, dass wir für das Wohl unserer Muschis einstehen und den Herren der Schöpfung mutig und unmissverständlich den Weg zu unseren Klitoris weisen. Oder ihn im Zweifelsfall selbst gehen. Komme, was da wolle!«

NUR EINE NACHT

Side Hotel Hamburg. Es ist 19:30 Uhr. In einer Stunde ist er da. Wird vor meiner Zimmertür stehen und klopfen. Vor unserer Zimmertür. Denn für diese Nacht sind diese vier Wände unser Reich. Ein Reich mit frischen, weißen Laken. Laken, die wir zerwühlen werden, ohne es mitzuschneiden. Weil wir im Rausch sind. Im Rausch unserer Körper, die sich endlich treffen dürfen. Einmal. Nur einmal. Dieses eine Mal. Das ist die Regel.

Ich war schon ewig nicht mehr nervös vor einer Nacht mit einem anderen Mann. Es ist ein bisschen furchtbar. Und auch ein bisschen lustig. Denn normalerweise mache ich mich ganz entspannt und in Seelenruhe für ein Date fertig und genieße die schöne Vorfreude und das genau richtige bisschen Aufregung, das es braucht, um mit dem perfekten Gefühl in den Abend zu starten. Ich lege Make-up auf, aber nie zu viel, denn ich selbst küsse auch lieber die pure Haut. Ziehe einen Lidstrich, tusche meine Wimpern schwarz und trage je nach Anlass und Stimmung einen dezenten oder einen roten Lippenstift. Keep it simple. Aber heute ist es anders.

Das heute ist kein Blind Date. Und auch kein normales Treffen mit einer Affäre. Wir kennen uns ja schon länger und begehren uns seit unserem Kennenlernen, und nun haben wir uns zu dieser einen Nacht verabredet. Eine Nacht, in der wir uns nah sein und all unsere Fantasien ausleben dürfen. Wir haben uns noch nie geküsst. Den anderen noch nie gespürt, nie nackt gesehen. Einander noch nie mit Händen, Lippen und Zunge erkundet. Noch nie gehört, wie der andere kommt.

In unseren Gedanken haben wir das beide sicherlich schon öfter getan. Miteinander geschlafen, uns gegenseitig verführt. Gerade in den letzten Stunden war ich sicher nicht die Einzige von uns beiden, die sich vorgestellt hat, was heute alles passieren kann.

Das letzte Mal habe ich Noah vor ungefähr drei Monaten gesehen. Nachts und vor dem Flügel sitzend. In dem Musikstudio, in dem wir uns wochenlang zum Songschreiben trafen. Dort, wo wir uns still begehrten und uns dieses Begehren verboten, weil es Marie gibt. Denn wir wussten, dass wir an unsere Grenzen kommen, wir sie vielleicht überschreiten würden, wenn wir nicht aufpassten. Und Noah durfte nicht weiter gehen. Selbst ein leichter, flüchtiger, zarter Kuss wäre zu viel gewesen. Wir hätten es nicht dabei belassen können, das wussten wir beide. Und so fuhr er in dieser Nacht nach Hause. Aber diesmal ohne wieder in seinen Alltag zurückzukehren und sein Bedürfnis nach mir weiterhin zu unterdrücken. Er wollte reden. Ehrlich sein und Marie alles erzählen.

Vor einer Woche bekam ich eine Nachricht von Noah. »Ich muss dich sehen! Und ich darf dich sehen. Einmal. Eine Nacht nur du und ich. Noah«. Außer meiner Antwort »Wann und wo?« und zwei weiteren Nachrichten haben wir nichts Weiteres voneinander gehört. Drei Monate haben wir uns nicht gesehen und nicht gesprochen. Ich habe keine Ahnung, was in der Zwischenzeit passiert ist. Er ist nicht getrennt, warum sollte unser Wiedersehen sonst auf ein einziges Mal beschränkt sein? Was hatte er Marie alles erzählt? Wie hat sie reagiert? Wie geht es den beiden? Was haben sie vereinbart? Oder ist Noah doch heimlich hier? Hat sich selbst die Erlaubnis für einen einmaligen Ausrutscher gegeben? Oder hat ihm Marie diese Nacht zugestanden?

Eigentlich wollte ich mich in der Hotelsauna entspannen,

bevor Noah hier ankommt. Aber immer wieder kam mir mein Kopfkino in die Quere. Mit Bildern davon, wie es wohl werden würde mit uns.

Und nun stehe ich nackt vor dem riesigen Spiegel im Bad meines – unseres – Hotelzimmers und schaue mich an. Mh, mein Gesicht ist knallrot. Dieser Gedanke zieht mich von meinen Tagträumen zurück in die Gegenwart. Tolle Idee mit der Sauna! Nicht. Ob das rechtzeitig wieder weggeht? Wie sieht das denn aus? Scheiße. Auch auf meinem Dekolleté. Überall rote Flecken. Mist, Mist, Mist. Dabei wollte ich heute extra heiß aussehen. Nicht wie ein ausgekochtes Huhn. Das ist immer so. Wenn man es drauf anlegt, wird es nichts mit dem supertoll Aussehen, und an anderen Tagen steige ich morgens aus dem Bett und sehe aus wie aus dem Ei gepellt. Na ja, eher sehr selten, um ehrlich zu sein, aber egal. Was mache ich denn jetzt? Vielleicht noch mal kalt duschen? Max hat manchmal nach einer heißen Dusche auch so Flecken. Was macht der noch mal dagegen? Warten wahrscheinlich. Der macht sich bei solchen Dingen völlig zu Recht gar keine Gedanken. Sollte ich vielleicht auch nicht machen. Sehr wahrscheinlich sogar. Positiv denken.

Ich blicke weiter an meinem nackten Körper hinunter. Drehe mich und mustere mich von allen Seiten, auf der Suche nach weiteren Flecken. Kein weiterer zu sehen. Ha! Mein Po zum Beispiel sieht ganz normal weiß aus. Weiß wie eh und je. Groß, rund und weiß. In die Sonne legen und braun werden geht bei mir nicht. Fast nicht. Nur im Gesicht und auf den Schultern. Der Rest wird rot und dann wieder weiß. Pommes-Schranke quasi. Passt ja! Denn für mich geht nichts über salzige Pommes mit ganz schlimm viel Mayo! Einer der Hauptgründe, warum ich keine Modelmaße habe. Muss ich auch nicht haben. Ich bin auch so scharf. Klar gibt es bei mir auch eine Grenze, über die hinaus ich mich nicht mehr so richtig wohl in meiner Haut fühle. Aber die liegt auf jeden Fall über dem seit Langem fancy, hippen Schönheitsideal. Und das ist auch okay so. Denn was wäre ein Leben ohne Pommes?! Nur, um den Jungs zu gefallen? No way! Fries before Guys!

Es gab aber mal eine Zeit, da dachte ich, mein Po sollte kleiner sein. Feiner sein. Nicht so daherstolzieren. Etwas zurückhaltender sein. Damals stand ich auch immer mal wieder auf Typen, die das vielleicht auch so dachten. Oder zumindest auf welche, die meinen Po nicht unbedingt feierten. Das ist jetzt Gott sei Dank nicht mehr so. Ganz im Gegenteil sogar.

Ich habe mich zwar nie für meinen Körper geschämt, aber ich kenne auf jeden Fall noch das Gefühl, das ich hatte, wenn ich mich beim Sex nicht ganz sicher und angenommen mit meinem Körper gefühlt habe. Und ich hasse dieses Gefühl. Es schaltet meinen Kopf an. Verhindert, dass ich mich komplett fallen lasse. Denn wie soll das, bitte schön, gehen, voller Ekstase auf einem Kerl zu sitzen und ihn leidenschaftlich zu reiten, wenn du Angst hast, dass er deinen Bauchspeck blöd findet oder sich darüber lustig machen könnte, dass deine Brüste zu sehr auf und ab wackeln?

Apropos Bauchspeck und Brüste, ich sollte mir vielleicht mal etwas anziehen. Nackt die Tür zu öffnen ist nicht der richtige Move für diesen Abend. Der passt an anderer Stelle, wenn sicher ist, dass es sofort von null auf hundert gehen wird. Außerdem mag ich es selbst ganz gerne, wenn ich auf den ersten Blick ganz normal gekleidet aussehe, sich aber unter meinem schlichten schwarzen Kleid etwa nur halterlose Strümpfe und ein hübsches schwarzes Spitzenhöschen ertasten lassen. Aufregend finde ich es auch, Strapse, Strumpfhalter und gar kein Höschen zu tragen. Und wenn ich dann bei einem Date lange Zeit die Einzige bin, die weiß, wie ich unter meinem Kleid aussehe, macht mich das wahnsinnig an. Mit diesem Gedanken nehme ich mein enges, schwarzes Seidenunterkleid mit etwas Spitze im Ausschnitt vom Bett und schlüpfe hinein. Ohne vorher einen BH anzuziehen. Denn ich hasse BHs. Sie kneifen überall, sind deshalb sauunbequem, und es ist immer nervig und umständlich, die Dinger auszuziehen, wenn man fummeln will. Und da ich eher kleinere Brüste habe, geht es eigentlich ganz gut ohne BH.

Dann folgt der Strumpfhalter, den ich irgendwie an diese Strümpfe dran bekommen muss. Eine Friemelei ist das immer, den Strumpf richtig in den kleinen Klemmhalterungen zu befestigen! Aber wer erotisches Prickeln will, der schlägt sich auch damit herum. Und dieses Mal hält sich die Fummelei sogar in Grenzen. Ich schaue mich wieder im Spiegel an. Strapse, Strumpfhalter und das Unterkleid. Ob ich nun doch noch ein Höschen anziehen soll, entscheide ich spontan. Erst mal so. Das fühlt sich gut an. Wie du es wohl findest, wenn deine Hände unter meinen Rock wandern und du merkst, dass ich nichts drunter trage?

Ich lasse meine Gedanken wandern. Wie viele unter uns sich wohl für ihren Körper schämen? Es gibt Stellen an meinem Körper, die ich weniger mag als andere. Aber wer hat mir das beigebracht? Woher habe ich die Idee, dass eine Delle am Po nicht dem Ideal entspricht? Kleine Kinder wissen das nicht. Vielleicht, weil sie noch nicht so oft vor der Glotze hängen oder Modezeitschriften lesen? Sie kennen die Schablone nicht. Eine Schablone, die sich in den letzten Jahrzehnten zwar immer wieder geändert hat, aber immer ihre Opfer findet. Nämlich Menschen, die dort nicht hineinpassen und deshalb denken, sie seien nicht gut genug. Und wir vergessen nur zu gerne, dass das Schönheitsideal, welches momentan gilt, vor ein paar Jahren noch ganz anders aussah. Und davor wieder ganz anders. Eine Marilyn Monroe wäre heutzutage zu klein, zu untrainiert und zu kurvenreich. Damals wollten alle so sein wie sie. Heute soll frau groß und dünn sein, einen straffen Bauch haben, lange Beine ohne Cellulite. Wer bestimmt das? Und wieso?

Die Antwort kennen wir natürlich alle, und durchschaut haben wir die Manipulationsversuche der Beauty- und Modeindustrie auch weitestgehend. Kennen die Photoshop-Videos, in denen wunderschöne Frauenkörper so weit durch das Computerprogramm gestreckt, gebräunt und verzerrt werden, dass sie nach all diesen Veränderungen aussehen wie eine ganz andere Frau. Eine, die es im wahren Leben so wahrscheinlich gar nicht gibt. Selbst die Models sind nicht schön genug. Wem oder was rennen wir dann eigentlich hinterher?

Ich renne auch irgendwie mit. Ich kann mich nicht hundertprozentig davon befreien, manchmal argwöhnisch auf die Körperpartien zu gucken, die aus Mediensicht nicht perfekt sind. Ich benutze Schminke, um meine Vorzüge hervorzuheben und Makel, wie Pickel und rote Flecken, abzudecken. Ich färbe meine Haare, zupfe meine Augenbrauen und rasiere meine Beine, meine Achseln und meine Intimzone. Ich liebe Leggings nicht nur, weil sie bequem sind, sondern auch, weil ich sie so hoch ziehen kann, dass sie meine Liebeshenkel kaschieren. Und ich trage ungern Oberteile ohne Ärmel, weil ich meine Oberarme zu schlabberig finde. Wir alle haben die Tricks der Werbung eigentlich schon verstanden. Wissen, dass wir ständig manipuliert werden. Und trotzdem glauben wir ein bisschen, was sie uns sagt. Dass wir nicht schön genug seien und deshalb auch weniger wert.

Irgendwann habe ich mich dafür entschieden, umzudenken, mich selbst einfach erst mal so gut zu finden, wie ich bin. So ganz grundsätzlich. Auch, wenn es mal Tage gibt, an denen ich meinen Seitenspeck zu viel finde. Aber ich hatte keine Lust mehr, darüber nachzudenken, was an meinem Körper ungenügend ist. Ich habe mich stattdessen gefragt, was ich selbst gerne an Körpern mag. Was ich schön finde. Und mich, so gut es geht, versucht, davon unabhängig zu machen, was mir beigebracht wurde, was ich schön zu finden habe. An mir selbst, aber auch an anderen. Für mich muss ein Mann beispielsweise nicht groß sein oder megafancy angezogen. Immer lieber lässig statt steifem Anzug. Wenn ich in Haare nicht reingreifen darf, weil ich die durchgestylte Frisur zerstören könnte, finde ich das mehr als schade. Wenn keine Haare zum Reingreifen da sind, wiederum alles andere als blöd. Die Stoppeln fühlen sich in meiner Handfläche so schön an, wenn ich über den Kopf streiche. Ich finde abstehende Ohren süß und Sommersprossen. Und ich mag es, wenn Frauen weibliche Rundungen haben.

Schönheit liegt im Auge des Betrachters. Und nicht in dem vermeintlichen Auge unserer Gesellschaft und ihren Lehrmeistern, den »Influencern«, den Medien.

Wenn ich mich also betrachte und mich schön finden kann, weil ich Schönes an mir entdecke, dann können mich auch andere schön finden. Und natürlich strahle ich auch aus, ob ich mich gerade selbst mag oder nicht. Kann im positiven Fall dadurch entspannt mit mir und der Welt sein, andere um mich herum mit in den Bann des Zufriedenseins ziehen. Sie anziehen. Denn es macht mir grundsätzlich und vor allem um meinetwillen viel mehr Spaß, mich selbst toll zu finden, als mit den Gedanken immer darum zu kreisen, warum ich nicht perfekt bin. Was auch immer perfekt eigentlich ist.

Eine positive Nebenwirkung meines kleinen Umdenkens ist, dass ich mittlerweile vor allem Männern nähergekommen bin, die mich innen wie außen als ganze Person richtig heiß und scharf finden. Bei denen ich mich nicht fragen muss, ob sie irgendetwas Körperliches an mir stört. Ich mich wohl und sexy fühle. Ich will nicht den Kampf fechten, jemanden von mir überzeugen zu müssen. Weder charakterlich noch körperlich. Das sollte niemand. Ich will den Flow. Ein gemeinsames »Wow«. Gerne auch mit kleinen, süßen Spielchen versehen. Die mag ich. Die Neckischen. Aber ich will meinen Selbstwert nicht davon abhängig machen, ob ich jemanden herumkriegen kann oder nicht. Ich will nicht herumkriegen müssen. Und man soll auch mich nicht herumkriegen. Ich will begehrt werden und begehren. Am besten auf den ersten Blick. Denn warum sollte ich im Umkehrschluss mit jemandem ins Bett gehen, der mich und meinen Körper nicht mag bzw. attraktiv findet?

Es gibt nichts Schöneres beim Sex, als sich vollends entspannen zu können, weil man sich so sehr begehrt und angenommen fühlt. Mit den schönen Stellen und den vermeintlichen Makeln. Und auch dem anderen dieses Gefühl zu schenken. Sich gegenseitig zu zeigen, wie viel Lust man auf den anderen hat, und seine Lust aus der Lust des anderen zu ziehen.

Mein Bauchgefühl hat mir sofort gesagt, dass Noah einer dieser Männer ist, mit dem ich meine Lust ausleben will. Und so werden unsere Körper unsere Köpfe gleich nicht mehr brauchen. Sie werden nehmen und geben, was sie wollen. Und unsere Körper wollen viel. Lange haben sie gewartet. Wir werden nicht reden. Er wird zur Tür hereinkommen. Schweigend, so wie ich schweigen werde. Die Tür schließen und mich ansehen. Mit seinen Augen, die genauso voller

Leidenschaft glühen wie meine. Aufregung? Ein kleines bisschen. Verlangen? So viel davon.

Ich werde ihn küssen. Zart und süß. Ganz langsam. Das erste Mal. Und dieser Kuss wird eine Lawine auslösen. Alles, was wir bisher zurückgehalten haben, darf jetzt passieren. Jetzt und die ganze Nacht. Und danach nie wieder. Nie wieder. So ist die Regel.

Ich ziehe gerade mein Kleid über, das ihn im Unwissen darüber lässt, was ich drunter trage, da klopft er an der Tür und mein Herz ganz kurz ein bisschen schneller. Ich öffne die Hotelzimmertür, und da steht er. Noah. Wie vermutet, sagen wir gar nichts. Wir schauen uns in die Augen und schweigen. Ein gutes Schweigen. Aufgeregt. Erwartungsvoll. Wohl wissend, was gleich endlich passieren darf.

Noah kommt einen Schritt auf mich zu, schließt die Hotelzimmertür hinter sich. Jetzt sind wir tatsächlich allein. Wir beide. Allein in diesem Zimmer, und niemand wird uns stören. Unsere Blicke halten denen des anderen stand, während wir, er vorwärts und ich rückwärts, langsam und Schritt für Schritt, schweigend weiter hineingehen. Es ist ein bisschen so, als wollten wir auf keinen Fall die Verbindung zum anderen verlieren, jetzt, wo sie da sein darf. Wenn auch nur für die nächsten Stunden.

Wir stehen voreinander, ich an eine Wand gelehnt, nicht weit vom Bett. Wortlos zieht Noah seine Jacke aus und lässt sie auf den Boden fallen. Dann sind die Schuhe dran. Er streift sie ab, ohne mich dabei aus den Augen zu lassen. Langsam ist die Luft zum Schneiden. So gespannt war ich schon lange nicht mehr. Alle meine Sinne sind geschärft und voller Erwartung. Noah kommt noch einen kleinen Schritt auf mich zu und steht näher vor mir als erwartet. Unsere Körper berühren sich und irgendwie doch nicht. Das Gefühl einer echten Berührung bleibt weiterhin nur zu erahnen. Ich atme tief ein und rieche seinen Duft. Sofort kommen mir die Abende in Erinnerung, in denen wir eng nebeneinander am Klavier saßen und ich Noah riechen, aber niemals probieren durfte. Als könnte er hören, was ich denke, sieht er mich herausfordernd an. Ein leichtes Lächeln umspielt seine Lippen. Ein aufgeregtes Kribbeln durchströmt meinen ganzen Körper. Meine Knie werden weich. Doch ich schaue ebenso herausfordernd zurück. Locke ihn, indem ich die Augenbraue nur ein kleines bisschen hochziehe und kaum merklich auffordernd nicke. Noah versteht. Langsam, aber kraftvoll drückt er mich mit seinem ganzen Körper gegen die Wand. Ich spüre seine Wärme, seine Stärke und seine Lust. Mag die Dominanz, mit der er nun meine Hände nimmt, ohne seinen Blick von mir zu lassen. Er führt sie langsam über meinen Kopf und hält sie dort mit festem Griff zusammen. In seinen Augen sehe ich sein Verlangen. Lange hält er diese Spannung auch nicht mehr aus. An meinem Unterleib spüre ich seinen harten Schwanz durch seine Hose. Wir stehen eng aneinander, noch ganz still, und wollen so viel mehr. Ich bewege mich, ohne meinen Blick abzuwenden, ganz langsam auf Noahs Gesicht zu. Zentimeterweise nähern sich meine Lippen den seinen. Dies wird unser erster Kuss sein. Der Kuss, auf den wir so lange gewartet haben. Und ich will ihn zu etwas ganz Besonderem machen.

Meine Lippen treffen auf seine. Kaum merklich, so leicht und so zart ist diese kleine Berührung. Mich überfährt ein leichter Schauer. Dieses erlösende Gefühl, Noah endlich küssen zu dürfen, ist wahnsinnig schön. Und diese kleine Berührung ist auch die Einladung an uns beide, nun jegliches Gefühl für Zeit und Raum zu verlieren.

Ganz langsam fangen unsere Lippen an, den Mund des

anderen zu erkunden. Noch sind unsere Sinne so gespannt, dass wir beide immer wieder die Luft anhalten, um auch wirklich jede kleinste Berührung genau zu erfassen. Aber jetzt, als ich vorsichtig mit meiner Zungenspitze die seine suche, kann Noah die Spannung kaum noch halten. Ich locke ihn, beginne unser kleines Spiel und biete ihm damit einen weiteren Vorgeschmack auf die wahre Verschmelzung, die noch vor uns liegt. Noah spielt mit, lässt sich und seine Zunge verführen. Beginnt, mich herauszufordern, indem auch er sich immer wieder vermeintlich entzieht, sich rarmacht. Unsere Küsse werden wilder, während wir uns immer wieder tief in die Augen schauen. Unsere Blicke, sie machen es so besonders zwischen uns. Sie sagen so viel. Ich will dich, lese ich in seinen Augen. Lass uns bitte nicht aufhören, sage ich ihm wortlos.

»Zieh dich aus«, höre ich Noah plötzlich flüstern. »Mh?«, frage ich noch mal leise nach, weil ich nicht ganz sicher bin, ob ich ihn richtig verstanden hab. »Ich möchte am liebsten, dass wir einfach nur wir sind«, sagt er, jetzt doch fast ein bisschen schüchtern wirkend. »Wollen wir uns ausziehen und ins Bett legen und einfach zusammen sein?« »Ja«, sage ich lächelnd, senke den Kopf und fange so unauffällig wie möglich an, die Strapse unter meinem Kleid von ihren Halterungen zu lösen und so zügig auszuziehen, dass er sie nicht als solche erkennt. Fast bin ich ein klein wenig verunsichert. Bin irgendwie froh, dass Noah die sexy Aufmachung untenrum nun doch nicht zu Gesicht bekommt. Weil sie zu unserer Stimmung irgendwie nicht mehr so richtig passt.

Das Licht ist gedimmt, und so sieht Noahs nackter Körper besonders schön aus, als wir nun so voreinanderstehen. Er ist größer als ich. Trainiert, aber nicht zu sehr. Das mag ich. Und ich mag sein schönes Gesicht und seine vom Knutschen verwuschelten Haare. »Komm«, sagt er, zieht die Decke zurück und reicht mir seine Hand.

Es ist nah. Und es ist intim. Irgendwie vertraut. Und das, obwohl ich Noahs Hände noch nie zuvor auf meinem Körper gespürt habe. Auf meinen Wangen, meinem Hals, meinem Rücken, meinen Hüften, zwischen meinen Beinen. Seine Hände sind überall. Aber nicht hektisch oder fahrig. Sondern aufmerksam, gespannt, genießend und liebevoll. Sie wandern wie selbstverständlich über meine Silhouette, und auch ich erkunde seinen starken Körper, ohne nachzudenken. Nein, ich denke nicht. Ich fühle. Ich fühle mich begehrt, angenommen, in unsere gemeinsame Welt versetzt. Eine Welt, die aus unseren beiden Körpern besteht. Zwei Körper, die sich schon zu kennen scheinen, die sich auf Anhieb verstehen, einander verstehen. Im gleichen Rhythmus tanzen. Sich ineinander versunken bewegen. Sich liebkosen, sich streicheln, sich lecken, sich küssen. Ohne Tabus. Zwei Körper, die nun miteinander eins werden und sich in einen gemeinsamen Rausch tanzen. So verschlungen, dass ich nicht mehr weiß, wo ich anfange und Noah aufhört.

Es ist so etwas wie Liebe im Spiel. Liebe für diesen Moment. Liebe für unser Spiel. Für diese eine Nacht.

LIEBE ANNA,

ich weiß, dass wir nach unserer Nacht wochenlang nichts voneinander gehört haben und du auch gerade mit Max in Asien unterwegs bist, aber ich muss dir schreiben.

Ich bin so durcheinander. Marie und ich haben uns getrennt. Es ist krass. Irgendwie noch unwirklich. Obwohl das jetzt schon fast vier Wochen her ist. Wir haben uns verloren. Vielleicht erst nach dieser einen Nacht mit dir, vielleicht auch schon vorher. Und vielleicht auch nicht für immer. Ich weiß es nicht. Ich dachte, Marie und ich würden einen Weg finden, beieinanderzubleiben, obwohl wir so unterschiedliche Bedürfnisse haben. Ich hab mir so gewünscht, es könnte klappen. Wir haben alles versucht, aber es scheint nicht zu reichen. Und jetzt haben wir entschieden, dass es besser ist, einander loszulassen.

Marie hat mir zwar diese eine Nacht mit dir erlaubt und meinte auch, dass sie damit ganz gut umgehen könne, weil du mit Max zusammen bist. Aber sie befürchtet, dass es auf lange Sicht immer wieder eine Anna geben würde, in die ich mich verknallen oder vielleicht sogar verlieben könnte. Und ich kann ihr Gegenteiliges nicht versprechen, auch wenn sich das mit dir und mir gerade wie eine große Ausnahme anfühlt. Das ist schon sehr besonders. Du bist besonders. Aber mit der andauernden Befürchtung, dass mir andere Frauen wieder so sehr gefallen, dass ich auch mit ihnen eine Nacht verbringen will, kann sie nicht leben. Das könnte sie nicht ertragen. Sie sagt, sie habe gesehen, wie gut es mir mit diesem Vorgeschmack auf eine Idee abseits der Monogamie ging, und wusste, dass sie im Gegensatz zu mir damit unglücklich werden würde. Und das glaube ich auch. Auch, wenn ich noch keine Ahnung habe, wie ich mir zukünftig eine Beziehung wünsche. Monogam nicht. Aber offen, so wie bei euch, kann ich es mir in letzter Konsequenz auch noch nicht so richtig vorstellen.

Es war schlimm, sie so unglücklich zu sehen. Ich will nicht, dass sie sich weiter so fühlt. Das würde mir das Herz brechen. Es tut so weh, eine große Liebe zu verlieren. Marie ist so warm, so liebevoll. Ach scheiße, das ist alles so verwirrend. Ich fühle mich nämlich auch irgendwie befreit. Nicht, weil ich Marie nicht mehr an meiner Seite habe, sondern weil zu viel Kompromiss in der Liebe auch gefährlich ist. Ich will mit der Zeit nicht unglücklich werden.

Ich merke, dass ich Zeit zum Sortieren brauche und erst mal meinen Gedankenwust auf die Reihe kriegen muss. Ich bin traurig und ruhelos. Und ich denke an dich. Immer wieder. Eigentlich die ganze Zeit, und ich kann nicht damit aufhören. Ich will mit dir schlafen, dich spüren. Ich habe das Gefühl, dass uns etwas ganz Besonderes verbindet, und ich will mehr davon. Ich will dich. Und ich weiß, dass ich das nicht sagen sollte, weil es vielleicht eine Grenze überschreitet, aber ich muss es einfach sagen. Du fehlst mir.

Noah.

UND WENN SIE
NICHT GESTORBEN SIND ...

Wow. Vielleicht ist es das Schönste, das ich jemals gesehen habe. Diese Farben, diese Wärme. Das weite friedliche Meer so früh am Morgen. Eine schlafende Märchenwelt, die ganz langsam erwacht.

Zwei Monate zuvor: Max und ich stehen am Gate des Amsterdamer Flughafens und sind die letzten noch übrig gebliebenen Fluggäste, die endlich einsteigen sollen. Die Stewardess winkt uns schon ganz hektisch zu. Max klebt aber noch am Handy und gibt seiner Schwester letzte Formatierungsinstruktionen für seine Forschungsarbeit. Max hat noch nicht abgegeben. Er ist fertig, ja. Formatieren, ausdrucken, binden lassen und das Ding in den Briefkasten werfen, das muss seine Schwester erledigen. Immer auf den letzten Drücker! Gut, dass er sie hat. Diesmal ist es nämlich wirklich auf den allerletzten Drücker, denn wir steigen nun endlich in dieses Riesenflugzeug, das uns nach Bangkok fliegt und uns unsere dreimonatige Reise starten lässt. Thailand, Malaysia, Singapur und Indonesien warten auf uns. Drei Monate Backpacking liegen vor uns. Hoch über den Wolken angekommen, sehe ich so etwas wie Erleichterung in Max' Gesicht. »Endlich«, sagt er seufzend und legt den Arm um mich. »Ja, du hast es geschafft«, erwidere ich und kuschle mich an seine Schulter. »Nein, wir haben es geschafft. Wir«, flüstert er und küsst mich aufs Haar.

Eine Rundreise durch Thailand und Malaysia später sitze ich nun auf der kleinen malaysischen Insel Pulau Tioman.

Die letzten acht Wochen waren schon der Wahnsinn, und es folgen noch vier weitere. So viele verschiedene Orte, Strände, Tempel, Menschen und Tiere, die wir bestaunt haben. Gerade in den ersten Wochen waren wir supergeflasht von allem. Das lässt natürlich irgendwann ein bisschen nach. Weil die ersten Fahrten mit dem Tuk-Tuk noch total aufregend sind, aber irgendwann zur Routine werden. Eine wohltuende Routine, so am anderen Ende der Welt.

Was für mich allerdings nie den Reiz verliert, ist das Essen auf Reisen. Ich liebe es, neue Gerichte zu probieren, und verbinde die meisten meiner Reiseerinnerungen tatsächlich mit irgendwelchen Lebensmitteln oder Speisen. Ich weiß noch genau, wie der Coconut Milkshake auf Koh Phangan geschmeckt und sich im Mund angefühlt hat, oder wie mir der Saft der leckersten Mango der Welt durch die Finger und die Mundwinkel heruntergelaufen ist, als Max und ich am Strand von Koh Lanta der Sonne beim Untergehen zugesehen haben. Und manchmal ist der simpelste Fried Rice auf irgendeinem Nachtmarkt der allerbeste, den du jemals gegessen hast. Und noch heute reden Max und ich von den perfekten Samosas, die wir in Malaysia gegessen haben. Auf der Busfahrt von den Cameron Highlands nach Kuala Lumpur, irgendwo an einem kleinen Stand auf dem Parkplatz einer Raststätte, für viel zu wenig Geld. Allerdings weiß ich auch noch, wie ich vor drei Wochen, nachdem ich in einem Foodcourt irgendein Curry probiert habe, mehrere Tage mit einem Magen-Darm-Infekt in Kuala Lumpur festsaß. Wir konnten dann zwar nicht weiterreisen, aber es war – die Zeit auf der Toilette einmal ausgeklammert – rückblickend sogar irgendwie gut. Weil wir nach all dem vielen Umherreisen gezwungen waren, das Tempo herauszunehmen. Wir haben es uns in unserem Hotel einfach ganz gemütlich gemacht, im Bett Suppe gegessen,

Filme geschaut und unter die Decke gekuschelt, die Welt Welt sein lassen.

Und nun sitze ich an diesem wunderbaren Ort. Auf dieser kleinen, traumhaften Insel vor unserer einfachen und genau deshalb perfekten Hütte auf der Terrasse. Sie liegt direkt am Strand, und so schaue ich auf das noch ziemlich dunkle Meer und genieße die Ruhe. Die Sonne steht schon in den Startlöchern. Vor unserer Hütte liegen Sand und der Ozean, hinter uns beginnt direkt der Dschungel. Eine lustige, aber jetzt wohl noch schlafende Affenbande wohnt gleich um die Ecke, und das Leben meint es gut mit uns. Es ist viel zu früh, aber ich habe mir vor Tagen schon vorgenommen, mir endlich einen Sonnenaufgang anzusehen. Ich bin überhaupt kein Freund des frühen Aufstehens, aber dass ich es dieses Mal geschafft habe, den Wecker nicht einfach wieder auszustellen, wird sichtlich belohnt. Ich bin früh dran, die Sonne macht sich erst auf den Weg, aber ich habe mich schon einmal auf eines der gemütlichen Bodensitzkissen gekuschelt und Ananas gefrühstückt. Die könnte ich gerade wirklich ausschließlich essen. Jeden Morgen, jeden Mittag und jeden Abend. Max liegt noch im Bett unter unserem Mückennetz und schläft weiter vor sich hin. Und ich, ich gucke nun einfach raus aufs Meer und der Sonne beim Aufgehen zu.

Einfach nur aufs Meer gucken, darauf habe ich mich am meisten gefreut. Weit gucken. Sich einen Überblick verschaffen, die Dinge mit Abstand betrachten und irgendwann das große Ganze wieder im Blick haben. Ich liebe das. Und ich brauche das. Sosehr ich Großstädte auch mag: die für mich überwiegend anregende Hektik, die vielen Möglichkeiten, das Multikulturelle. Auf all das könnte ich langfristig nicht gut verzichten. Doch immer wieder zieht es mich raus aus der Stadt. Raus ans Meer. Um weit zu gucken. Dabei ist es fast egal, ob Nordsee, Ostsee, Atlantik, Mittelmeer oder Pazifik. Hauptsache, viel Wasser und Weite. Es ist dann ein bisschen so, als hätten meine Gedanken mehr Platz. Ein Gefühl, das mich auf vielen Reisen begleitet. Ich besinne mich auf das Wesentliche. In erster Linie geht es ums Schlafen, Essen, Trinken und Gedanken-fließen-Lassen. Vergangenes zu verdauen und neue, inspirierende Eindrücke auf sich wirken zu lassen.

Ich fühle mich wieder sortiert. Auch, nachdem ich Noahs E-Mail gelesen habe. Zuerst hat sie mich etwas aufgewühlt. Sie kam für mich doch recht unerwartet. Und auch der Inhalt, nämlich die Trennung der beiden, war für mich überraschend. Und natürlich die letzten Worte, in denen er mir gesteht, dass ich ihm fehlen würde. Sie klingen fast so, als würde sich Noah mehr von mir wünschen. Aber was könnte und sollte das sein? Eine Affäre oder gar eine (Neben-)Beziehung? Ich habe seine Nachricht erst einmal sacken lassen, wusste sie nicht so recht einzuordnen. Und im Prinzip ist das auch mein Gefühl dazu: Ich kann Noahs Worte nicht einordnen, weil er es selbst nicht kann. Ich glaube, Noah ist gerade ziemlich ambivalent, traurig und sehnsüchtig. Wie viel das tatsächlich mit mir, oder ob es einfach mit diesem krassen Umbruch in seinem Leben zu tun hat, vermag ich nicht zu sagen. Was ich weiß, ist, dass ich mir mehr als gut vorstellen kann, Noah öfter zu sehen und mit ihm vertraut, schön und nah zu sein. Wenn sich allerdings zeigen sollte, dass Noah das nicht reicht und er sich mehr erhofft und dieses »mehr« etwa eine Trennung von Max bedeuten sollte, dann ist meine Entscheidung unumstößlich. Denn Max ist mein Leben. Aber das weiß Noah auch. Ich denke, es ist gut, wenn wir uns noch mal treffen und reden, wenn ich wieder in Hamburg bin. Bis dahin sind es noch ein paar Wochen, und Noah wird dann sicher auch wieder etwas geordneter sein.

Mist, jetzt muss ich doch noch mal rein und ins Bad, da steht das Antimückenspray. Die fiesen Biester kreisen schon hungrig um meine Knöchel und reißen mich damit aus meinen Gedanken über Noahs Gefühlswelt und wie ich mit ihr umgehen soll. Wenn ich jedoch ganz entspannt der Sonne beim Aufgehen zuschauen will, sollte ich das noch schnell holen. Hoffentlich wecke ich Max nicht. Ich stehe auf und öffne leise die Tür unseres Bungalows, schleiche an unserem Bett vorbei und in das kleine Badezimmer. Neben dem Badezimmerspiegel sitzt ein kleiner Gecko. Ich weiß noch, wie ich das anfangs aufregend und je nach Größe süß bis gruselig fand. Jetzt ist es normal, und gerade über die kleinen freue ich mich. Sie sollen Glück bringen. Wenn ich reise, bin ich irgendwann so schön entspannt. Da stören mich auch irgendwelche Tiere im Bad kaum noch. Die erste Woche brauche ich noch, um bei mir selbst und meiner Umgebung richtig anzukommen. Gerade, wenn die kulturellen Umstände sehr anders sind als gewohnt. Und das mag ich besonders. Andere Gerüche, andere Sprache. Alles ist anders, und alles ist besonders. So wie dieser kleine Gecko, der jetzt flink die Wand entlang in Richtung Decke huscht. Ich nehme die Sprühflasche mit dem Antimückenzeugs und tapse langsam wieder zurück nach draußen auf die Terrasse. Max schläft weiter ruhig und fest. Schön. Das Zusammensein mit Max ist hier in Südostasien irgendwie ganz besonders. Wir waren schon oft gemeinsam im Urlaub, aber noch nie so lange und noch nie außerhalb Europas. Wir waren beide gespannt darauf. Im Alltag ist es die Ausnahme, wenn wir ganze Tage am Stück zusammen verbringen. Weil wir beide viel unterwegs sind. Wir verabreden uns gern, auch miteinander. Natürlich ist es ebenso schön, sich spontan zusammen auf dem Sofa zu verlümmeln, aber es ist eben kein Automatismus. Außer sonntags natürlich. Der Sonntag gehört uns. Der ist heilig!

Heilig sind mir mit den Jahren auch meine Anna-Abende geworden. Und jeder in meinem Umfeld kennt sie und weiß, dass ich dann wirklich keine Zeit habe. Nicht zum Treffen, nicht zum Telefonieren und auch nicht, um Nachrichten zu schreiben. Mindestens einmal in der Woche brauche ich einen Abend für mich, sonst kann ich ungenießbar werden. Meistens ist es ein Abend, an dem Max nicht da ist und ich die Wohnung für mich alleine habe. Dann koche ich mir entweder etwas Leckeres oder bestelle was Geiles zu essen und mache, worauf ich Lust habe. Lesen, Trash TV gucken oder Netflix anschmeißen. Podcast oder Hörbuch in der Badewanne hören. Oder einfach gar nichts. Da sein. An die Decke gucken. Ohne Input. Nur meine Gedanken und ich.

Wenn ich einen Anna-Abend brauche, reicht es nicht, das Wohnzimmer, die Badewanne oder »mal einen Moment« für mich zu haben. Ich will in der Zeit ganz für mich sein. Ohne Zeitdruck und ohne Max, der im Nebenraum zockt oder aufs Klo muss, während ich gerade meine Schlammmaske abdusche. Das stört mich an diesen Abenden. Andersrum liebt und braucht auch Max seine Alleinzeit, ganz ohne Kompromisse. Wie soll das mal werden, wenn wir irgendwann nicht mehr nur zu zweit sind? Wie kann man mal nur für sich sein, also gedanklich, wenn man Verantwortung für einen kleinen Menschen hat? Ich ruhe in mir, ich kenne mich. Aber könnte ich neben Mutter weiterhin alles andere sein? Für mich da sein? Aber auch Freundin, Ehefrau, Kumpel, Liebhaberin, alle Facetten meines Selbst sein? Alles miteinander in Einklang bringen? Geht das alles zusammen?

Alles zusammen. Max und ich. Ja, ich glaube, zusammen schaffen wir alles. Weil ich weiß, dass ich mit jedem Problem zu ihm kommen kann. Und er zu mir. Wir sind da. Wir hören zu. Wir denken für den anderen mit, wenn er es braucht. Wir übernehmen Verantwortung. Wir streiten aber auch. Und manchmal müssen wir suchen, bis wir wieder sehen, was wir am anderen lieben. Aber wir wollen es finden. Jedes Mal. Wir verlaufen uns manchmal. Aber wir verlieren uns nicht.

Ich fange an, meine Fußknöchel und Arme einzusprühen. Ich kann dieses Antimückenzeug echt nicht mehr riechen. Tagsüber muss ich ja dann auch noch eine riesige Menge Sonnencreme benutzen und bin eigentlich nur damit beschäftigt, mir irgendwas auf die Haut zu schmieren. Aber ich will mich nicht beschweren, schließlich sitze ich auf einer Trauminsel, gucke mir die aufgehende Sonne an und habe einen schönen Moment mit mir selbst.

Da höre ich, wie die Tür unserer kleinen Strandhütte geht und Max ganz verschlafen herauskommt. Wie schön er immer aussieht, wenn er so verpennt ist. »Hey, du bist doch schon wach? Komm her zu mir«, sage ich auffordernd und lade ihn ein, sich zu mir zu muckeln. »Na ja, ich bin irgendwas zwischen wach sein und schlafen«, antwortet er blinzelnd, lässt sich neben mich fallen und kuschelt sich an mich.

Irgendwas dazwischen. Meine Freundin Kati hatte mal bei unserem nachösterlichen Ostseetreffen gesagt, Max und ich seien irgendwie ein Paar und irgendwie Single. Also irgendwas dazwischen. Ich glaube, ich weiß, was sie meint, aber so ganz stimmt diese Aussage nicht. Denn wir sind nicht Single, auch wenn wir viele Vorzüge des Singleseins genießen dürfen. Wir sind ein Paar. Sogar ein Ehepaar. Ein Paar, das gemeinsam durch das Leben geht und dabei andere Regeln aufgestellt hat als viele andere Paare. Aber die Verbundenheit ist die gleiche. Wir sind füreinander da. Wir erleben die Abenteuer des Lebens gemeinsam, und wir überwinden Krisen. Wir bleiben in Bewegung, im Austausch, wir entwickeln uns weiter. Gemeinsam und alleine. Wir sind ehrlich. Übernehmen Verantwortung. Weil wir lieben. Oh ja, wir lieben.

Langsam geht die Sonne auf. Es ist fast so, als würde man jeden einzelnen Sonnenstrahl über die Schwelle des Horizonts gleiten sehen. Alles färbt sich in dieses warme, gelbrote Licht, das der Welt neues Leben einhaucht. Ich bin so gefasst von diesem Anblick, dass mir die Tränen kommen. Ich bin glücklich. Ja, das, was ich fühle, ist wahres Glück.

»Ich habe heute Nacht geträumt«, sagt Max, der auch völlig gebannt ist. »Ja? Wovon hast du geträumt? War es ein schöner Traum?«, frage ich nach und schaue ihn an. »Ja. Es war abgefahren. Aber wunderschön!«, sagt er, dreht sich zu mir und schaut mir in die Augen. »Ich habe geträumt, du bist schwanger.«

DANKSAGUNG

Ich danke Judith Poznan, einer wunderbaren Frau, Autorin und Freundin. Ohne dich wäre das alles nicht passiert. Du hast den Stein ins Rollen gebracht.

Mein großer Dank geht an Ariane Novel, meine liebe Lektorin, die den Stein hat rollen lassen.

Ich danke außerdem Jule Müller und Annelie Kralisch-Pehlke, den großartigen Frauen von *im gegenteil*, für ihren bedingungslosen Support und schicke einen Dankesschnaps an Michael Nast für das Mutmachen morgens um halb fünf im Feuermelder.

Meiner Freundin Jule danke ich für all unsere Damengedecke, durchtanzten Nächte und unser Podcastbaby »Schnapsidee«. Jeder Strumpfhosenmoment hat unsere Liebe wachsen lassen!

Nina danke ich für ihr ganzes Sein, ihre Ehrlichkeit, unser Familiengefühl und ihre Liebe.

Ich danke außerdem meinen allerliebsten Superboys Patrick und Johannes für unser Wahlgeschwistersein (was täte ich nur ohne euch?! Und das meine ich ganz ernst), meinen Böhnchenmädels Hannah und Paula sowie David fürs Tollsein und seine großartigen Fotos.

Außerdem danke ich Noah, Nils, Timo, Lorenz, Alex, David S., Nina S., Robin, Phine, Mareike, Mandy, Lea, Joey, Thekla, Vera, Rieke, Jane, Marven und allen wunderbaren Freunden, die hier keine namentliche Erwähnung finden können.

Ich danke Joris Brandt, Birthe Vogelmann, Jochen Kunstmann und meinem Verlag.

Mein tiefer Dank gilt meiner großartigen Familie, insbesondere Katharina, Maria, meiner Oma und meinem Antonio für ihre Wahnsinnsunterstützung. Ich liebe euch.

Ich danke all den tollen Menschen, denen ich in den letzten Jahren begegnet bin.

Und zu guter Letzt danke ich meinem Mann Max. Für alles. Dafür, dass er mein heimlicher und großartiger Erstlektor ist, für seine unendliche Geduld und für seine Liebe. Ich kann nicht in Worte fassen, was du mir bedeutest. Du bist meine Liebe. Du bist mein Leben. Falafel.

*Wie mache ich meinen Partner glücklich und
bleibe mir dabei selbst treu?*

Nina Wagner
FUCKING GOOD
Von Tinder, Online-Dates und wilden Nächten

Irgendwie ist das gar nicht so einfach mit dem Sex.

Nie zuvor waren wir so aufgeklärt, offen und selbstbestimmt ... und gleichzeitig so orientierungslos.

Was ist das eigentlich, ein erfülltes Sexleben? Warum ist Selbstbefriedigung immer noch ein so großes Tabu? Und warum wird das alles, trotz des Internets, nicht einfacher?

Nina Wagner hatte viele heiße Sex-Dates und auch richtig miese, deshalb weiß sie mittlerweile ganz genau, was sie will. Im Dschungel der großen Erwartungen und des Selbstoptimierungswahns leistet sie Orientierungshilfe. Nina Wagner erklärt, wie Frauen und Männer ohne Stress hemmungslos guten Sex haben.

*Ein so unterhaltsames wie nutzbringendes
Nachschlagewerk über Männer und ihre Macken*

Heike Kottmann

LASS MICH DEIN KUSCHELMONSTER SEIN

Eine kleine Männerkunde – von Frustmolch bis Sextremist

Jetzt mal ehrlich: Die Männerwelt besteht aus gefühligen, verletzlichen und schwer verständlichen Typen. Sie sind beziehungsunfähig, wollen nur Sex (oder doch lieber nicht) und spielen beim Kennenlernen seltsame Spielchen. Welche Frau hat da nicht längst den Überblick verloren? Heike Kottmann hat eine Typologie der Männer erstellt, um dem Irrsinn Abhilfe zu verschaffen. Die junge Journalistin beschreibt witzig und pointiert 50 gängige Männertypen, damit Frauen schneller erkennen, ob sie eine Niete oder das große Los gezogen haben.

Diese witzige Männertypologie ist das Standardwerk für jede Frau, denn mit diesem Buch durchschaut sie den Mann auf den ersten Blick und weiß, ob sie ihn weiter daten oder doch lieber die Finger von ihm lassen soll.